叡南祖賢大阿闍梨

Enami Soken

戦後初の北嶺千日回峰行者

叡南覺範・村上光田・藤 光賢・堀澤祖門が語る「比叡山の傑僧」

山田恭久 編著

善本社

延暦寺を行啓された浩宮徳仁親王（今上陛下）をご案内する叡南祖賢執行（左）
右から二人目は叡南俊照大行満、右は浜尾実侍従　（比叡山律院提供）

大行満叡南祖賢和尚像（比叡山律院提供）

延暦寺を行啓された浩宮徳仁親王（今上陛下）をご案内する叡南祖賢執行
（上下写真とも二宮写真館提供）

昭和21年（1946）11月11日　京都御所土足参内玉体加持奉修

比叡山律院での叡南一門（福田徳郎撮影）

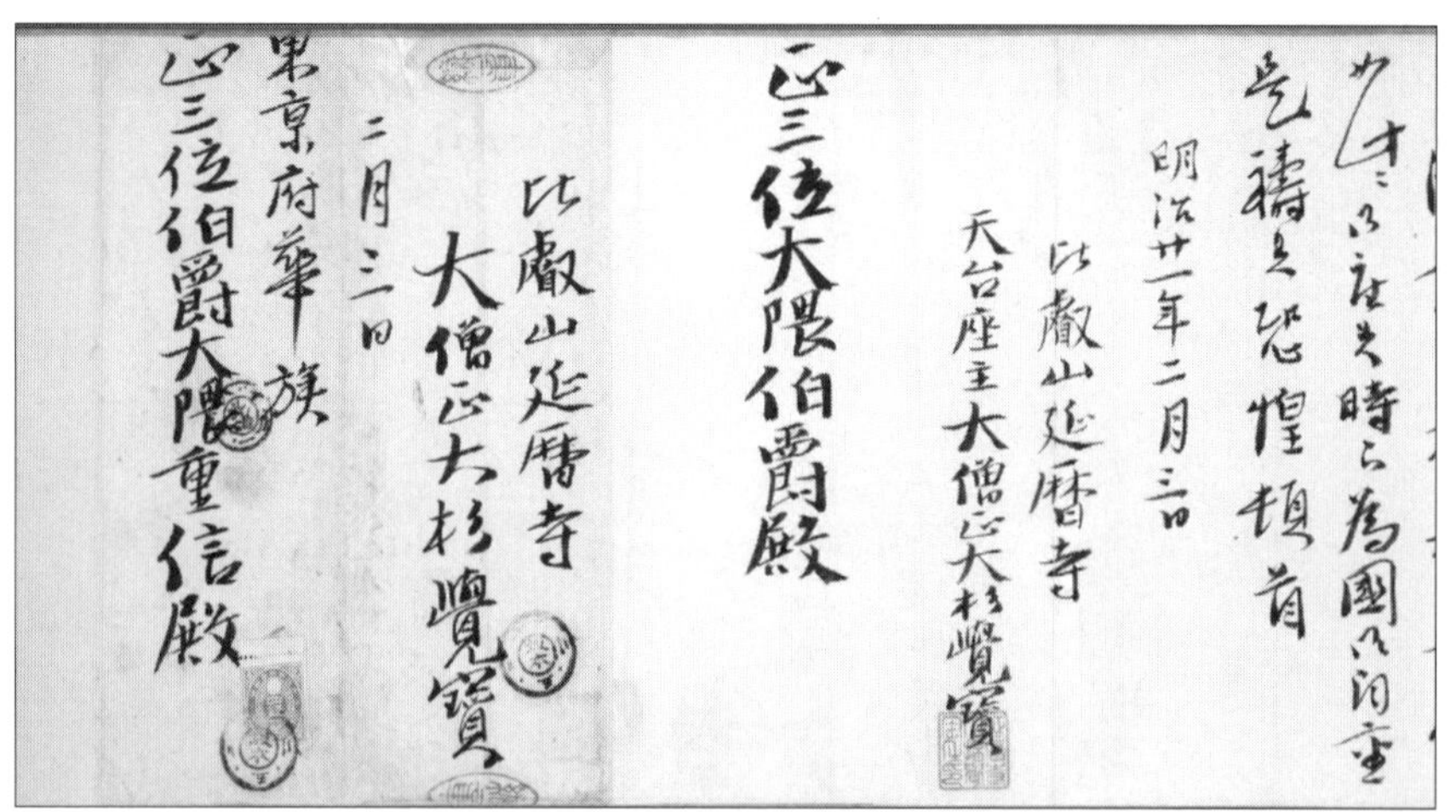
乞禱之恐惶頓首
明治廿一年二月三日
比叡山延暦寺
天台座主大僧正大杉覺寶
正三位大隈伯爵殿

比叡山延暦寺
大僧正大杉覺寶
二月三日
東京府華族
正三位伯爵大隈重信殿

明治２１年（1888）２月３日、
十萬枚護摩供法要を千日回峰行大行満大阿闍梨として最初に始められた
大椙覺寶（大杉）天台座主が大隈重信伯爵へ宛てた書簡
（早稲田大学図書館　特別資料室所蔵・提供）

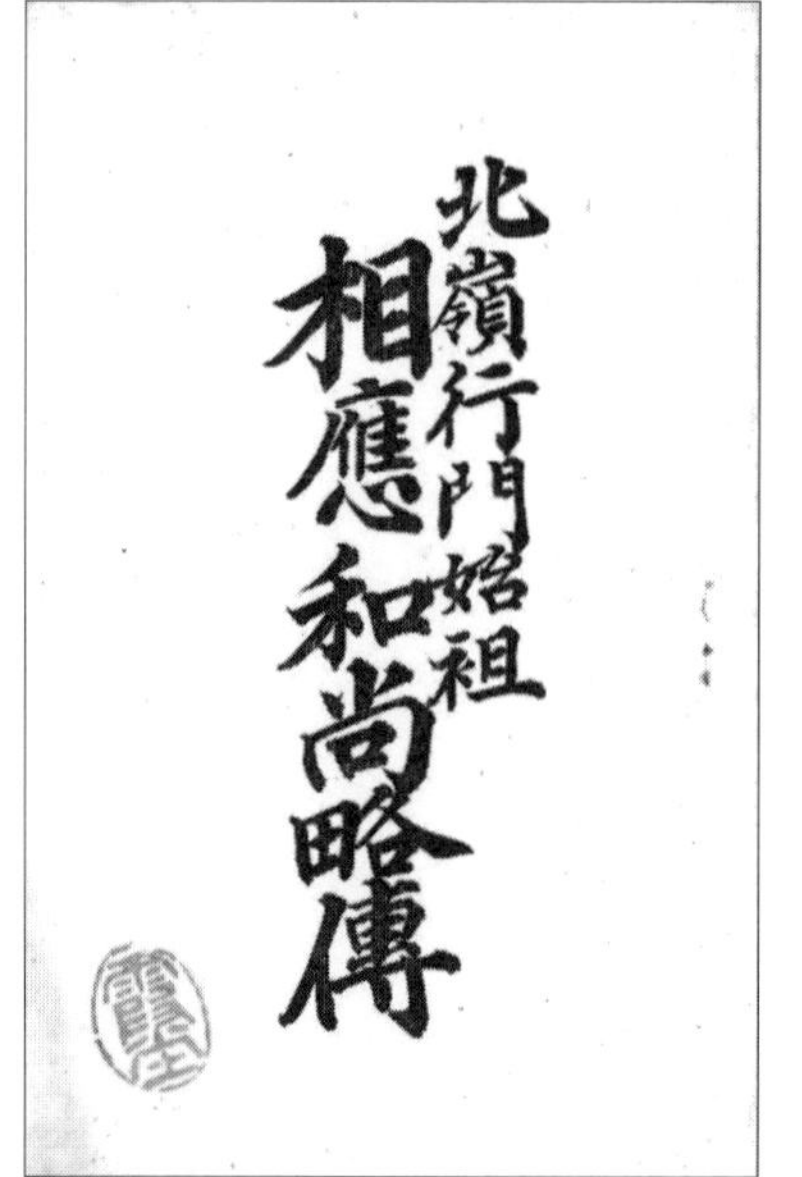
北嶺行門始祖
相應和尚略傳

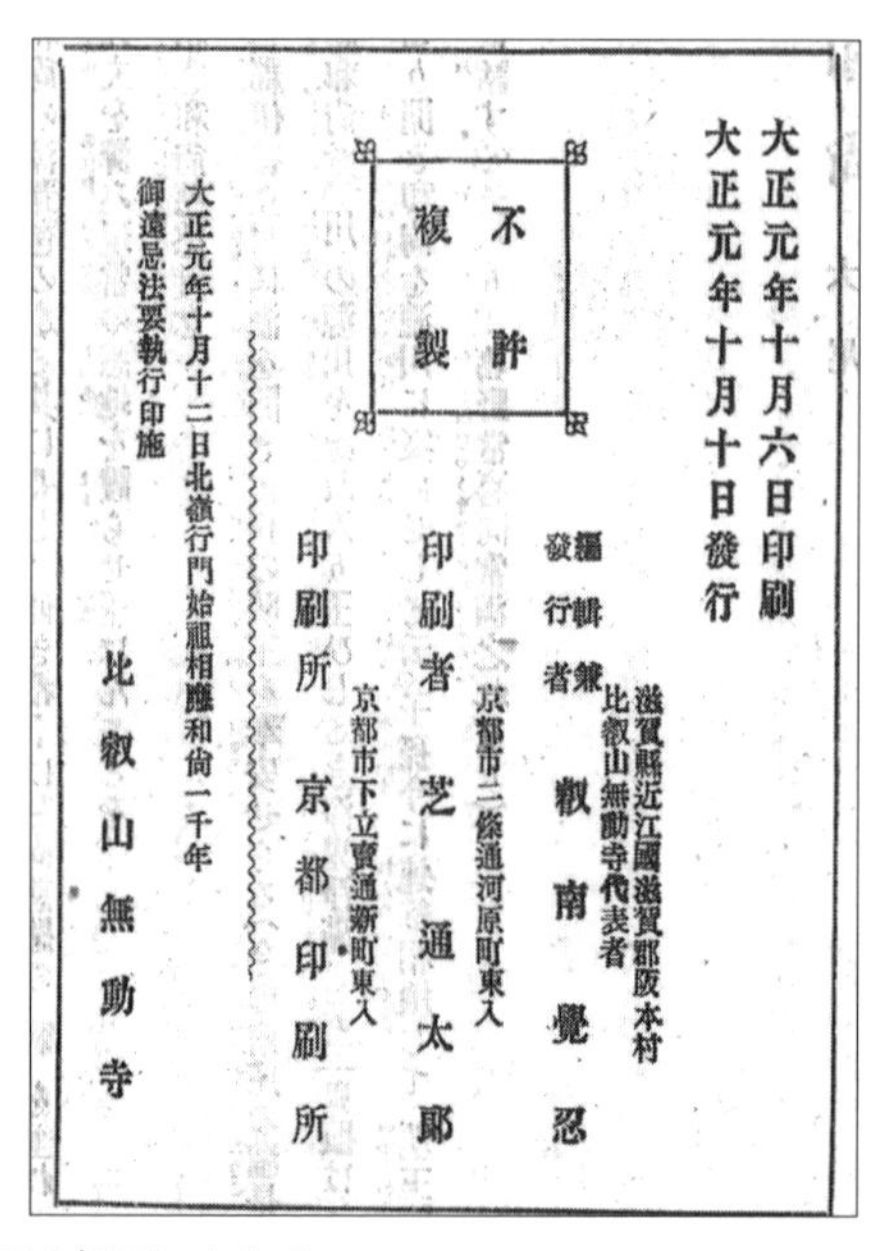
大正元年十月六日印刷
大正元年十月十日發行

編輯兼發行者　滋賀縣近江國滋賀郡阪本村 比叡山無動寺代表者　叡南覺忍
印刷者　京都市二條通河原町東入　芝通太郎
印刷所　京都市下立賣通新町東入　京都印刷所

不許複製

大正元年十月十二日北嶺行門始祖相應和尚一千年
御遠忌法要執行印施
比叡山無動寺

大椙覺寶天台座主の弟子、叡南覺誠探題大僧正の師匠にあたる
叡南覺忍大行満が大正元年（1912）に編纂・発行した『相應和尚略傳』

叡南覺誠探題大僧正（左）と叡南祖賢大和尚（右）の師弟（福田徳郎撮影）

（左）葉上照澄大行満　昭和29年頃、裳立山の紀貫之供養塔の前で
（右）祖賢大阿闍梨の御所土足参内に貢献した元伯爵・勧修寺信忍大行満
（左右とも福田徳郎撮影）

台密諸流史私考　二

第一編　台密諸流名義考

一、諸流の分派

(A) 諸流派生の經過

抑も台密とは、山家の宗祖傳教大師が、延暦の末入唐して、圓、密、禪、戒の四大法門を傳へ給ひ、天台法華圓宗を開立せられしに權輿し、弘法大師開立の東寺、野山の眞言教と區別せんが爲めに附せられし、天台宗の眞言教と言ふ略稱なるは論なき所である、而し台密の名稱を附せし時代に就いては、先づ平安朝に之れを求むるに厥は總て、山門の眞言、天台の眞言、叡山の密教、と稱呼した樣である、確かに台密の名稱を用ひしは、獅子王先輩が密教研究第十八號初頁に言はるる如く、鎌倉末期師錬の撰せし、元亨釋書に

延暦之末傳教弘法一時異受故有台密有東密

とあるを以て其の初めとなす樣である。

諸流とは、宗祖、慈覺、智證の三大師相傳の密教を傳受せし各先賢が、其の流傳に於いて、自ら所傳の教系と他の教系とを區別せんが爲めに、流とか、方とかの名稱を附した樣である、而し台密諸流の分派に關しては一昨年夏帝都淺草寺に大森眞應阿闍梨の門を叩いて教を請ひし砌り

台密の分流は人格的である、即ち西山に澄豪阿闍梨が住居せられたるが故に其の門下は師の德を慕ひて西山流と稱するが如し。

東密の分流は教儀の發達に依つて名稱を附す。

と拜聽し、東密の其れは知らず、台密にありては、史實を檢するに全く御說を了納するものである。

然らば台密諸流が如何なる順序によつて史上に現はれ來りたるかを時代の順に檢せん、但し分派の動機等に關しては次編に述ぶる事とす。

先づ上古の時代……時代の區分は先輩の取らるる多きに準じ、上古、中古、近世とし、上古とは宗祖より慈惠、皇慶迄を指し、中古とは兩師以後元龜天正の法難迄を指し、近世とは法難以後現在に至る迄を指す……を檢するに流並方なる名稱を發見せず、但し安然の對受記に

海　云（道　海）　忠大德（南忠）　宣大德云（長　意）
權僧正說（遍　昭）　角　說（玄靜）　雲　記（承雲撰）
大師記（慈覺撰）　圓成師（公海）　珍和尚云（圓　珍）

等の如く、亦中古の初め、阿娑縛抄に於いても、

大原說、智泉云、師云、ム云、師說云、江師云

と云ふが如く、是等は先賢或は教授師の御說並著書等を指し、而も是等に依憑して自己相傳の證明及內容を價値附けんとして用ひしものと思はれ、次下出ずる、流並方とは意味を異にするも、流の生れんとする前提の名稱にして吾人は上古を指して、師說時代……流名派生の史傳に於いては……と名くるを至當と考ふるのである。

台密諸流史私考　三

－2－　－3－

叡南祖賢大和尚が執筆した論文『台密諸流史私考』（執筆時は稲田祖賢）
京都帝国大学教授である松本文三郎博士が賞賛した

叡南覺照大行満　左写真は千日回峰行「堂入り」時（福田徳郎撮影）

戦後初の北嶺千日回峰行者

叡南祖賢大阿闍梨 目次

序

叡南　俊照

第二次世界大戦後初めて北嶺千日回峰行を満行されて京都御所への土足参内を復活された「叡山の傑僧」興叡心院祖賢大和尚が遷化されてから半世紀の時が経ちました。

讃岐・坂出から登叡して比叡山高校時代に行者の修行姿と行の尊さに心を打たれ、叡南覺照大阿闍梨の弟子として修行中だった私にとって大師匠の祖賢大和尚は雲の上の存在でした。

ある時に祖賢大和尚から「俊照、どんな坊さんになりたいのか」と聞かれました。「師匠のような行をさせていただきたいと思います」と私が緊張しながら答えると、「それはいいことだ。あんじょうきばってやれよ。いつでも相談に来てよろしい」と言われた祖賢大和尚の言葉と満面の笑みは、生涯忘れられない鮮明な思い出です。

私は「師資相承」で大師匠・祖賢大和尚、師匠・覺照大阿闍梨の「道心」を心に深く刻み、伝教大師最澄上人の教えを旨とし、ひたすら拝み続けなければと決意を新たにしました。

叡山の行の伝統を守るため学僧から行者に転身した祖賢大和尚は、行者になりたいという

「孫弟子の志」を聞いて安心されたのかなと思うことがございます。

この度、東叡山寛永寺から信州善光寺へ入山後「浅間山大噴火」「天明大飢饉」の民衆救済に尽力され、善光寺本堂での御開帳を最初に執行し、光格天皇に三帰戒・十念を授け奉った「善光寺中興の祖」不軽行院等順大僧正の生家外孫である史料研究員・山田恭久氏の企画・編纂によって大師匠・叡南祖賢大和尚が思い出されることを嬉しく思います。

叡南祖賢大和尚の弟子である村上光田大僧正（善光寺長臈）の指導を受けた山田恭久氏は、江戸時代に門人三千人、兵学・武術・故実の専門書を百三十冊執筆した窪田清音先生の昆孫、昭和初期に『明治神宮壁画史』『勤王事蹟別格官幣社精史』等を編纂した山田米吉先生の孫にあたり、「師資相承」の志で史料の発掘、整備、保管に努められております。

師の年齢を超えた大僧正たちの証言を通じまして師僧である叡南祖賢大和尚の教え、活躍の様子を次代に伝承しようと試みた比叡山版のオーラルヒストリーであります。

この本に記されている叡南祖賢大和尚の足跡をご一読いただくことを機に天台宗、伝教大師最澄上人、比叡山延暦寺にご関心をお持ちいただけますと幸甚に存じます。

（北嶺千日回峰行大行満大阿闍梨）

第一章
和尚はどんなことに対しても判断が早く適切でした

毘沙門堂門跡前門主（第六十一世）
叡南覺範探題大僧正

山田　覺範お門主は、祖賢大和尚が活躍した時代に身近にいた方であり、他の人が知らないエピソードをご存じであり、特に祖賢大和尚と一緒に財界を回ったとお聞きしております。祖賢大和尚について様々（さまざま）な視点からお聞きしたいと思いますが、まず入門までの経緯、祖賢大和尚との出会いについてお話いただきたいと思います。

聖天行者に預けられ

覺範探題　私は軍隊から帰還後高校を卒業してから和尚の門下に入ってお世話になったので、多くの小僧さんと異なり別の社会を体験して、大人になってから小僧になったのが特徴かなと思いますね。一九二六年の十二月二十五日に元号が大正から昭和に変わりましたが、私は昭和へ改元されてから三日後の十二月二十八日に東京中野で生まれました。父・荻原丑松は今の山梨県一宮市神沢でブドウ園の仕事を継いでいたのですが、洪水が起こったためにブドウ園を廃業し、東京に出て仕事についたということでした。

母の初乃は私が一歳五か月だった昭和三年（一九二八）に、父も昭和六年（一九三一）に没しました。五歳に満たなかった私は母の記憶もなく、父の顔もほとんど覚えておりません。

実の両親との日々を思い出す手がかりになる写真も一枚も残っておりません。あった写真は、私が一歳の時にきれいな着物を着せられておばあさんに抱かれている写真です。おじいさんは長い髭を生やしていて、写真の裏に七十七歳でなくなったと書かれていましたが、おそらく両親の写真もあったのだと思いますが私の手元には置いていかなかった。もし両親の写真があると里心と言いますか、父親や母親のことを思い出しますよね。けれども実の両親の写真がなかったおかげで、のちに私は実の親でない方をお父さん、お母さんと呼ぶことが出来たのです。

父の葬儀の場で、親戚の人たちが一人残された私の身の振り方を話し合った結果、祖母が「親に縁の薄い子だから、お坊さんにお願いしよう」と言ったそうです。わずか五歳の私は父の葬儀の二日後に祖母に手を引かれて、訳も分からぬまま東京北品川の「聖天行者」渡辺援信さんに預かってもらうことになりました。思えば、これが私と仏様とのご縁の始まりですね。「聖天さん」の正式名称は「歓喜天」といって、私を預かることになった渡辺援信師は当時六十歳だった天台宗の僧侶です。歓喜天を拝む御祈祷の行者さんとして信望を集めていまして、私の「育ての親」二人目の父となりました。

渡辺援信師は元々伊勢の家老の出だったらしいです。大井町の大福生寺というお寺に宇賀神実海という大変験力のある方がおられました。そこへたまたま行っている時に、「井戸掘りをしていたら井戸が崩れて二人生き埋めになった。御祈祷をしてくれ」と頼みに来たところに居合わせたそうです。そして御祈祷をしたら二人とも助かった。それを見てお坊さんになった方です。

そして、育ての父は三六五日、朝どんなに寒い時でも水をかぶってからじゃないと拝まない、仏様にお供えする大根などの野菜は嫁さんに触らせない。それ位厳しい人でした。

育ての親たちには可愛がってもらいました。ある時、近所の乳飲み子がちょっと鼻を垂らしたら、育ての母がその赤ちゃんの鼻水を自ら吸って取ってあげたのです。理由を聞くと「このくらいの赤ちゃんはおっぱいだけで育っているからまだ皮膚が柔らかい。だから硬い紙で拭くとよくないから、こうしてあげるといいんだよ」と教えてくれたのです。約九十年経ったいまでも育ての母のその行動は鮮明に覚えています。何て優しい方だと思いましたが、これは私にとり自然の教育だったと思います。私は五歳でもらわれてきて心が落ち着いていない時期で、小学校にも一人で行くのが怖かったのです。その育ての母が学校へ連れていってくれまして、軍隊へ行くまで十何年間一遍も怒られたことがありませんでした。仏様のような育ての母に育てられたのが私の原点の一つだと思いますし、本当にありがたいことだったと思っております。

育ての母だけでなく近所の人がみな親切でした。当時を思いだしますと、伝教大師のお言葉である「己を忘れて他を利するは、慈悲の極みなり」という、自分は一歩引いても人様を立てることで世の中がうまくいく。そういう日本の良い精神が続いていたと思いますね。

はるか年上の兄弟子である石井顕信師は東京日野市にある成就院の住職でした。私が兄と慕った六歳上の兄弟子・杉本さんは比叡山にあがって、声明の大家であった多紀道忍師の養子となり、天台宗の宗務総長を務めた多紀顯信師です。

新幹線の窓から見える品川の小学校に通っていた時、修学旅行で伊勢・奈良・京都へ行きました。その時に背中にしょっていた袋の中に入れていたお金を盗まれてしまいました。これでは東京に帰れないと困っていたら、育ての親から、弟が伊勢で剣道の同場を開いているから、何か困ったらそこへ行けと言われたのを思い出しました。それで伊勢で宮後町の弟さんの道場へ出向き、帰りのお金を借りて東京に帰ることが出来ました。まさに「地獄に仏」でしたね。

昭和十八年（一九四三）、夜間中学に通っていた時、前田虎雄という人の事務所で昼間アルバイトを始めました。私は何も分からないまま食料調達などのお使いに出され、怒られたり励まされたりしたのですが、前田氏は神兵隊事件の中心人物だった国士でした。そこにいた人たちが、マッチ箱くらいの大きさで戦艦を爆破する爆弾ができて大変な脅威だという会話を耳にしました。あの原子爆弾のことでした。

昭和十九年（一九四四）二月十一日に養父の「聖天行者」渡辺援信が亡くなり、それまで住んでいた天台宗の施設を立ち退かなくてはならなくなりました。私と養母は日本橋小網町にあった石井顕信師の実妹・塚野文子さんのお店の奥間でお世話になることになり、リヤカーで荷物を運んでお店で生活しました。

そういうことで育てられている間に戦争がだんだん酷（ひど）くなってきました。私の六歳上の兄は頭が良かったので比叡山中学から予備士官学校に入りまして、将校になってから一遍来たことがありました。私もどうしても兵隊に行きたいと思ったのですが、私は養父の猛反対で軍隊へ志願出来ませんでした。昭和十九年（一九四四）に養父が八十歳で亡くなり、養母が姉さんのところで面倒を見てもらうことになったので、この年の十月、十九歳の時に志願して軍隊へ行くことになり、特別幹部候補生として所沢整備学校の教育隊がある青森県八戸に配属されました。青森なので冬将軍との戦いで、飛行機の雪除けやストーブの掃除に明け暮れました。もちろんその時は生きて帰るなんて全く思っておりません。必ず死ぬという覚悟をして行きましたし、周りも皆そうでした。「お前らはどこへ行きたいか」と聞かれたら、九割九分が南方を志望した時代でした。約三か月後「神風特攻隊」が発表されました。昭和二十年（一九四五）三月に入間川の航空士官学校に転属しましたが、そこで終戦を迎えました。

思い出すと、軍隊はむごいところで殴られてばかりでした。厳しさに形を借りた班長のいじめに対しては、兵隊は闘球（軍隊のラグビー）などで連帯してお返しをしました。面白いもので、上長の絞り方にも「部の為を思って絞る」のと「絞るために絞る」の差は自然に兵隊たちに分かってしまうものなのです。様々なことをされましたが、「負けないぞ、負けられないぞ」という心身を鍛える訓練となり、厳しい体験が生かされ、のちの叡山での修行に通じました。

握り飯と金の茶釜

山田　軍隊から帰還して、登叡されるわけですが、どんなきっかけがあったのでしょうか？

覺範探題　終戦後に軍隊から戻って日野・成就院で石井兄のお世話になることになり、八王子の新制高等学校に入りました。高校卒業後に石井兄から大学に行くか、叡山に行くかという選択を迫られまして、私は叡山を選びました。私が大学進学ではなく叡山を選んだのは、軍隊に入り八戸で教育を受けていた時に、第一次神風特攻隊が出撃、軍隊で同期の兄が特攻隊のメンバーと発表され、身一つで相手の軍艦に体当たりすることに衝撃を受けたことなど、軍隊でのむごい経験によって無常観というか命の尊さを感じていたからかなと思います。

両親を早く亡くし、その顔も知らずに育った私が、戦争で死なずに帰還できたのは、仏様の慈悲で生かしていただいた以外の何物でもないのです。

養父・渡辺援信が千日回峰行を満行された奥野玄順大行満を尊敬していたこともあり、人を通じて奥野大行満の意志を継いで行者になられた和尚・叡南祖賢の小僧（法嗣）として叡山にあがることになりました。

昭和二十一年（一九四六）四月、東京からすし詰め列車に乗って叡山へ向かいました。

私が里坊（玉蓮院）に着いた時のことは、七十五年経った今でも鮮明に覚えています。満開の桜が里をおおっていて、なんて綺麗な、夢みたいな世界だと思いました。翌日に山に登ったら、大きな杉が亭々として深山幽谷その言葉そのまま、まあすごいところだと印象に残っています。

そこへ、千日回峰行の九百日行程、大回り行の途中に立ち寄った叡南祖賢和尚が現れました。和尚に初めて出会った時、とてもオーラがあってこの人は神様なのかなって思いました。後で同じことを兄弟弟子の小鴨覚禅師（延暦寺副執行）も言っておりました。

和尚にお供して初めて叡山へあがりました。霧が深く立ち込めていて、まさに深山幽谷、全くの別世界でした。和尚は叡山の南方に位置する無動寺谷の明王堂におられて、政所である法曼院から毎日回峰に出ておられました。法曼院には和尚を頼って預けられた子供が三十人程小僧としてお勤めしていて、私もその仲間入りをしました。

そして、私は山へ来た最初の日に和尚に叱られたのです。今思うとこれが和尚との出発点ですかね。私が山へ登り挨拶をすると、兄弟子が上に二人いましたが、一人が無動寺の法曼院の下の方にいてちょっと来いと呼ばれました。山に来たその日でしたから兄弟子のところへ行かなければならない。戦後直後で貧しい時なのに兄弟子が私に握り飯を食べさせてくれたのです。

その時「阿闍梨さん（祖賢大和尚）には言うたらあかんぞ」と言われました。初日に兄弟子からそう言われたら、握り飯を食べさせていただいたことを言ってはいけないと思いますよね。

部屋へ戻ったら和尚に「何処へいっとった、何しにいっとった?」と聞かれました。兄弟子から内緒だと言われていたので、私は何も言えないから握り飯のことを黙っておりました。でも和尚は握り飯をもらって食べたことを知っていたのです。「嘘をついた、おまえは即刻山を下がれ」と凄く叱られましてね、必死に謝って謝って謝ってやっと和尚に堪忍していただきました。

これは私が山へあがった最初の日の出来事です。この和尚に嘘をついたら絶対いけないと骨身に染みましたね。叡山にあがった初日から激怒されたのですから、血の気が失せました。だからその後は、和尚の前で嘘を言うことは一切しませんでした。

この時、もう一つ、「坊さんは金を残すな」と注意されました。

この二つの言葉を肝に銘じて真面目に過ごしていたから、和尚も次第に私のことを信用してくれるようになったのだと思います。

入門当初の忘れられない思い出として金の茶釜のことがあります。一生懸命やって嘘をつかなければ叱らない、ものにこだわらない和尚の典型的な話であり、和尚と私の原点の一つです。

法要の前に仏具をきれいに磨きあげる「お磨き」っていうのがあります。仏様にお供えする道具を布で磨いた時に、金の茶釜が剥げてしまったのです。その小僧も初めてのお磨きだったので、金の手入れ法も何も知らず、ただただ一生懸命磨いたのです。すると茶釜の金は全部剥げてしまったのです。これはえらいことになったと、和尚に事の顚末(てんまつ)を正直に話しました。「そうか一生懸命磨いたのだからしょうがない。寄進した信者さんに申し訳ないことしたのう。わしが信者さんに誤っておくわ」と言っておしまいでした。

あれが典型的な和尚のものにこだわらない、嘘をついたり誤魔化したりしてはいけない。だけど失敗しても正直に話したら許すということです。七十五年経った今でも金の茶釜の出来事は鮮明に覚えておりますね。何しろ金の茶釜だったのですからね。

和尚が律院に下がってきた時に、信者さんが何か持ってきてくださったのです。それでその人が帰って、次にきた人がそのいただきものをいたく褒めていた。そうしたら、「ああそうか、これやるわ」ってそのお客さんにあげてしまった。そういうふうに物へのこだわりがない方でした。

和尚は失敗しても正直に言えばどんな失敗でも許す。失敗に対しては絶対に叱られなかった。失敗や粗相をした時にどう対応するか、身をもって和尚の教えを受け止めましたね。

そういう場面を教訓にしながら修行をしていたら、和尚から様々（さまざま）なことを指示されるようになりました。私は二十歳になって小僧にあがったから、上が二人、下はたくさんいて、いろいろなことがあったけど、和尚の側（そば）にいて和尚の話を聞いていると、心の中の霧が晴れていくのです。難しい説教をされるわけでもなく、雑談のような面白い話をしてくださっているだけなのに、言葉で言い表せない不思議な温かい気持ちになるのです。

私は、幼い頃に親を亡くしてから養父母に育てられて、戦後、軍隊から復員してきて山へ来たわけですが、年末になると和尚は弟子を家へ返していました。私は帰る場所がない事はなかったのですが、帰るつもりもないし帰りたくもなかったので、私だけ年末帰らなかったのです。

昭和二十三年（一九四八）の暮れにお堂の裏で和尚と会ったら、

「覚範、今年もやっとこれで、全部借金なしで済んだわ」とおしゃっるので財布の中を見せていただいたら、和尚が持っていた財布の中身は小銭だけでした。和尚は貧乏なのにたくさんの弟子を育てているから一年間を通して大概ツケで過ごしていたのです。そして年末になると、和尚はそのツケを全部払うのです。和尚はお金があるわけではないのに、他人様にご迷惑をかけてしまうような借金は大嫌いで絶対にしない人でした。どんなに苦しくても歯を食いしばって弟子を立派に育てようと尽力した。そう言う点でも和尚は物凄い信念を持っておりましたね。

そんな苦しい状況で多くの小僧を養っているのでお金が必要になりますけどね、和尚は全部払うのです。これだけ残ったわって初めて見せてくれましたね。

そんな和尚の背中を見て育ったわけですから、私も金銭面では絶対に悪いことはしなかったですね。和尚にはその点でも信用していただきました。

和尚には、接待されることがあった時の心得も教わりました。
・宴席の途中で歌や踊りが始まったら席に着く。
・芸はしっかり鑑賞して拍手をするのが礼儀。芸者さんの仕事に対して心を込めて対応しなくてはならない。芸をしている人を無視することは差別に通じる。
・一つの座敷は二時間できちんと終わる。だらだらするのは無作法。
おまえたちにとっては芸者さんの歌や踊りは、宴席の最中に見るだけのものかもしれない。だけどお客さんたちに歌や踊りを見せるために、芸者さんは見えないところで必死に稽古を積んでいるのだ。芸者さんが日頃陰で必死に稽古しているものをきちんと見てあげないと失礼にあたる。

和尚に同行して地方に出張する時、昔だからお風呂も薪で炊いているのですが、「お風呂を沸かすために、薪を割って焚く作業は大変なものだ。だから、お風呂に入る時、出る時は風呂を焚いている方にきちんと感謝をしないとだめだ」と、厳しく言われました。料理屋の下足番の方にも丁寧なお辞儀をしていました。

これは全ての人に大慈悲のこころを起こす「誓願」なのです。

和尚がいるとお寺にはいろいろな方がきます。政治家や財界人、学者など名士だけでなく、近所の農家のおばさんなども和尚のお話を聞きたくて会いにくるのです。例えば字を読むことが出来ないお年寄りの方がお寺にきた時でも、和尚はその人たちに対して、いろいろなお話をして笑わせてあげて、ああ比叡山にきてよかったな、お話を聞くことが出来てありがたかったと満足されて、お客様がお帰りになる時は玄関まで自らお見送りをするのです。

こういうところにも和尚の誠実さ、絶対に差別をしないということが現れていますし、お付き合いの作法を教えてくださる人も、今はなかなかいないかもしれませんね。

この根底には法華経の「毎自作是念　以何令衆生　得入無上道　速成就仏身」があります。

「仏はいつも全ての人を、いかに仏の道に導き入れるかということを片時も忘れない」
別に難しい説法をするわけではないけど、和尚の言葉を聞いて、立ち振る舞い自体を見た方が自然にありがたいと思ってお帰りになること自体が仏の道に導き入れることという考えです。

弟子の長所を見極めた指導

山田　祖賢大和尚は、お弟子さんの性格を見極めて指導をしたと聞いております。

覺範探題　そうですね。私が和尚の門下に入った頃は、「叡山三地獄」の一つと言われる「回峰行」の修行中でしたけど、その後見ていると、三十人もの小僧一人ひとりの資質をよう見ていましたね。怒っていい小僧、怒ったら萎縮して駄目になる小僧、体罰を与えた方がいい小僧、話してやることが必要な小僧と接し方がまるで違いましたね。

私は軍隊でもぶん殴られて随分ひどい目にあいましたけど、呑気な性格か知らないけど、殴られてあのガキなんて今でも全然思わないのです。鍛えてもらったから今日があるって気になりますね。小僧をしていてもしんどいと思ったことがなかった。随分しんどい気もしたけど意外と難なくなかった。やっぱり辛抱するかしないかの差と思いますね。だけど、今は何でも遠慮して若い者を立てることばかりやるからおかしくなる気がします。能化さんも和尚も本当に厳しかったけど、根底にある優しさが弟子にも伝わってきました。

こんなことがありました。昭和三十八年（一九六三）に交通事故で腰椎骨折と複数のヒビが入って全治六か月の診断を受けたことがありました。足腰を石膏で固めて二十八日間入院して、退院してから自坊で寝ていたのです。そうしたら突然和尚が枕元に現れたのです。

「そんなことをしとったらあかん。早くギブスをとって歩く練習せんか。明日から出勤せい」

翌日から松葉杖で山上と里を結ぶケーブルカーを使って通勤したのですが、乗り場まで行くにも、往路は上り坂だからケーブルカーを使っていいが、復路は歩けと命令されました。

今では早くリハビリした方が早く回復すると言われますが、当時の治療はじっとしていろという考えだった。私は最初無茶なと思いましたけど、和尚の指示通りに通勤したら、最初はつらかったけど日々回復して、後遺症もほぼないわけです。和尚は野球少年だった時代や回峰行での経験から、生命力を引き出した方が肉体の回復は早いと考えたのか、軍隊にいっていた私だからそのぐらい厳しくした方がいいと考えたのかもしれません。今は厳しく感じても後で効果が出たほうがいいと考えて厳しくしたのが和尚の優しさだったのかと思いますな。軍隊でも、山でもそういう生活してきましたけど、今の教育はちょっと甘やかしすぎていないかな。『一隅を生きる　比叡山と私』という本を書いた中野英賢師はもともと回峰行をしたかったのですが、和尚から「お前は回峰行はあかん。英賢は十二年籠山行や」と籠山させたのです。英賢師本人には「おまえは酒飲みだから下手に回峰行されたら何をしやがるかわからんわ」と言っていたけど、本人がいないところでは十二年籠山行の後継者は英賢だと周囲に言って、わざわざ回峰行をさせないで十二年籠山行をさせました。

英賢師が著書に書いていますが、十二年籠山行に入る時、和尚は自分が座っていた使い古しの座布団を英賢師に渡したそうです。英賢師はなぜ使い古しの座布団をと最初思っていたそうですが、二年近くたってこの座布団に座ってしっかりやれという和尚の励ましだったことに気づいたそうです。それが伝教大師の教え「初め如来の室に入り、次に如来の衣を著し、終わりに如来の座に坐せよ」という仏道用心の教えを行の先輩として諭した、だから自分がひたすら拝むときに使った座布団を渡したのだと感激したそうです。いかにも和尚らしい弟子への励まし方だと思います。

そのおかげで英賢師は十二年籠山行を終わった後、久々に飲んだお酒の席で佐川急便の佐川清会長と縁ができて、何百年できなかった法華総持院東塔ができたのです。すごい話なのです。そういう点では英賢師は酒飲みだったけど、それがまた活きてくるのだから世の中って不思議なものです。酒を飲んでろくなことにならない人が多いけれど、英賢師みたいに酒を飲んであいう風に業績を上げる人なんて少ないですね。英賢師は十二年籠山行をしたからこそ悟りを得て深い話ができるようになった。だから、佐川さんも酒の席で英賢師の話を興味深く耳を傾けていただいた。それで本当に法華総持院東塔が建ったのですからね。それも和尚が弟子の特性を深い洞察で見抜いていたからでしょうね。

今でも佐川急便には『比叡の光』のスポンサーを続けていただいています。あの番組がスタートしたのもこの年表にも書いてあるとおり和尚がきっかけなのです。

法灯護持会のメンバーだった京都新聞の白石古京社長が、ＫＢＳ京都テレビを開局する時に、比叡山にテレビのアンテナを置かせてくれと和尚にお願いにきたのです。和尚はアンテナ設置交渉の時に、京都新聞からあの十五分番組を作ることを条件として引き出したのです。今でも続いていて大したものです。

山田　比叡山の放送局アンテナ設置の話で思い出しましたが、栢木寛照師より祖賢大和尚の決断が関西圏の電力供給に多大な貢献をしたとお聞きしております。敦賀の原子力発電所の電力を関西へ運ぶ大送電建設において、電力を最大限に阪神地域へ運ぶために、送電線を出来るだけ直線距離を通す必要がある。何とか比叡山を通して欲しいと関西電力がお願いをしに行ったら、話を聞いた祖賢大和尚が国家繁栄の基盤だから協力すべきだと言って、延暦寺内をまとめたということでした。

覺範探題　そうです。もともと関西電力の加藤副社長が和尚の信者さんでした。的場さんという技術の責任者の方が滋賀県出身で、聖地である比叡山に大送電を通すのはどうなのかと回避出来ないかと悩んだそうです。しかし、技術者として電力効率を考えると、比叡山を通したいと執行だった和尚にお願いに来ました。それで十一塔の電塔が比叡山に建設されました。和尚はお坊さんの枠を超えた、そういう大局に立って判断される方でしたね。

阪神工業地帯をはじめ、今日の関西地方の電力需要を担う基盤に、和尚の英断があったことを知る方はあまりいらっしゃらないと思いますが、実は関西地方にお住いの皆さんの生活や経済の身近なところにも和尚の決断が影響しているのです。

和尚は学者でもあり行者でもあり教育者であり、叡山の大経営者でした。

警察、鑑別所も頼りにした傑僧

山田 祖賢大和尚は警察や鑑別所の方も頼りにされていたと耳にしました。

覺範探題 不思議なことに、小さい子供は辛抱して修行していたけれども、ある程度大きくなって中途で入門した人間の中には逃げた者がかなりいましたな。自己が確立されて人の言うことを素直に聞けないのかもしれないですな。思想的に偏った方も来ましたけど素直に受け入れられず逃げていましたね。

和尚のところに、すごい目つきで大人の顔つきをした不良の中学生が預けられたことがありました。彼は本当は鑑別所へ入ることになっていたそうです。

そうしたら、鑑別所の所長さんが比叡山に祖賢さんというお坊さんがいる。そのお坊さんが君を預かって、面倒見ていただいて立ち直るなら、君の犯したことはしばらく勘弁してやると言ったのです。

そういうわけで親子が訪ねてきた時、ちょうど私がいたのです。何とかお願いできませんかって連れてこられたんですね。つまり、和尚の許可を得る前に鑑別所の所長さんが本人に説得をしていたわけです。鑑別所の方は和尚なら何とかしてくれると信じていたわけです。

話を聞いた和尚は、お前が面倒を見ろと言ってその子を私に預けました。私が五智院にいた時で、住職をしても下に住ませてもらえずに、山で留守番しろと言われて皆を預かっている時でした。中野英賢師にお願いして学校へ連れていかしたら、彼は喧嘩をして皆やっつけてしまったのです。顔つきが全く違った。私はエライ子を預かったなと思っていましたが、五、六人の弟子と一緒に朝夕の掃除、看経、食事と面倒を見ていました。

夜中に煙が出て臭いと大騒ぎになったことがあります。子供だから暴れたのです。彼が掘りごたつへ身体を突っ込んで、履いていた絹のパンツが脱げて火の中に入って燃えていたのです。とにかく臭い臭い。あの強烈な匂いは七十年以上経った今でも忘れられないですね。光田師と昔話をするとあの時の匂いの話が出ます。

そんな悪戦苦闘の話を耳にしたのか、今度は兄弟子が、ワシが世話すると言って連れて行きました。

そうしてしばらくしたら、彼は悪い仲間を連れてきて電話線を切って、小僧を縛り上げて脱走して、それっきり消えました。その後は捕まったかどうなったか分からないままでした。

そういう不良の子でも和尚は平気で預かったのです。

其の後、中山玄雄大僧正から頼まれて、九州から流れ星の刺青をしていた子を預かったことがありました。ちっとも腕の包帯を取らない。お祭りかなんかでヤクザに捕まって見張りに使われてしまったそうです。でも賢かったのでしょうね、その刺青をした子は警察へ逃げこんで助けられたのです。

「妙は不可思議に名づくるなり」「法は世の中に現れる全ての事物現象」汚い泥の中にありながら、清浄で綺麗な花を咲かせ、まわりを明るく見せる蓮華の花のようにという考え方がございます。つまり、蓮華が濁りに染まらない花であるように、人間も汚れた世の中であっても、それに染まらず、負けず、汚れを浄化し、理想的な世の中を作る努力をせよという意味です。

学問的にはいろいろな見方がありますが、私は「妙法蓮華経」をそう理解しています。和尚はそういう考えで不良の人もあずかろうとしたのです。そして絶対に差別をしなかったのです。

修行院を新設

山田　さて覺範門主が入門されたのが昭和二十一年（一九四六）四月ということですが、祖賢大和尚は間もなく千日回峰行の大行満となっております。年表をみながら、その時期の祖賢大和尚のご活躍をご解説いただけますか。

覺範探題　私が山へあがった九月に和尚が千日回峰行を満行され、土足参内したの時の写真を見返すと、叡南覺照さん（当時は木村姓）と小板橋慈潤さんがいまして、真ん中の場所には渋谷慈鎧天台座主が写っておりました。

ところで、この年表に、昭和二十四年（一九四九）四月一日　比叡山修行院主事（四十六歳）と書いてありますが、これ以前に修行院はなかったのです。そもそも修行院を新設したのがうちの和尚なのですが、その事実が知られていないのですね。宗務庁の記録も調べ直して、修正追記しないといけないですな。これでは経緯が全くわからない。年表には「修行院主事拝命」と書かれていますが、この書き方では今まであった役職の拝命みたいに思われてしまいます。

しかし、本当はそうではない。修行院は天台宗の伝統を引き継いで、僧侶の質を向上させることを目的に、和尚が立ち上げたものなのです。

和尚は天台宗の僧侶に山修山学を義務付ける制度を作りました。天台宗の僧侶は必ず修行院で修行しなければならない、延暦寺一山で住職になるためには、比叡山で三年修行しなければならないという「三年籠山」制度はうちの和尚が創設したのです。

もともと伝教大師最澄さまは法華経による大乗仏教の教え、悉皆成仏を高唱して人材の育成を主眼とされました。比叡山で忘己利他の精神で立派な僧侶をたくさん育てて地方へ派遣して日本を立派な国にしたいと努力されていたのです。

「一隅を照らすもの、これすなわち国宝なり」

生涯を叡山の発展に尽くした和尚は、「忘己利他」の精神をはじめ伝教大師最澄様の教えを天台宗の僧侶に受け継がせるために修行院を創設しました。和尚はこの比叡山延暦寺を修行の場として確立させたのです。

一方で、和尚は延暦寺執行になると一般の人が比叡山の修行を体験できる居士林も開設して、一般に開かれた比叡山延暦寺となる基礎を築いたのです。それは比叡山が心身が清らかになる「六根清浄懺悔」（眼耳鼻舌身意）の場所だと一般の方に思っていただきたい思いがありました。

それだけではなく和尚はただ天台宗だけを考えたのではない。「比叡山は日本の全ての仏教の母山である」と一宗一派にとらわれない、仏教全体のことを考えて道場を準備したのです。

例えば知恩院の鵜飼隆玄執事長から浄土宗の宗祖である法然上人が二十五年間勉学した黒谷の青龍寺の管理をさせていただけないかと要請があった時、和尚が快諾したので岸信宏法主に大変感謝されたことがありました。孝道教団についても仏舎利尊の御分譲、不滅の法灯の遷灯を認めて支援したので岡野正道統理から大変感謝されていました。天台宗ではない別の宗派や教団からも和尚にお世話になったと尊敬されていたのです。

私は昭和二十四年（一九四九）に叡山学院を卒業して、百日の回峰行をしました。翌年から玉蓮院の住職を拝命しましたけど、和尚の意向で山上の五智院に住んでいました。その前の小僧の時に修行院の手伝いをいたしました。

山田　確認いたしましたら、堀澤門主は昭和二十五年（一九五〇）九月に得度されています。先日は堀澤師の話を聞いたのでしたな？

覺範探題　堀澤師も修行院を知っていると言っていたけど、ちょうど堀澤師がお山に来た頃は和尚が行院を立ち上げたばかりの時期だから、その時の様子を見ていたのではないかな。

横川中堂再建と「法灯護持会」

覺範探題　和尚の年表を見ると、重要な業績である横川中堂再建が書いてないですね。

横川中堂は昭和十七年（一九四二）に落雷で焼けたのです。

昭和四十一年（一九六六）四月二十九日　奥比叡参詣自動車道開通式

昭和四十四年（一九六九）六月　十一日　横川中堂の復原（ふくげん）再建を決定

流れでは確かにこの記載の通りなのですが、年表だけを見ても、なぜこのような事が起こったのか、その背景が全く分からないですな。あなたの言う通り、確かに年表だけでは大事なことが理解出来ないし、なぜ和尚がこういう行動をしたのか、後世に真意が伝わらないですね。

私は昭和二十九年（一九五四）の秋、無動寺谷にある弁天堂の輪番がまわってきたため、約二年間勤めていた比叡山高校の職員を辞めて三年間のお勤めについたのです。

その間の昭和三十一年（一九五六）十月の火災で比叡山延暦寺は国宝・延暦寺大講堂を消失してしまい、周囲からのお叱り、非難が高まってきて、復興を迫られていたのです。

私は五智院や無動寺で修行しているうちになぜか不思議な夢を見ることが増えたのですが、

大講堂が火事になる五日前に、忘れ物に気づいて寺に引き返したら、和尚が亡くなり覺誠師がしょんぼりしていて、多くの人が弔問に来ている夢を見たのです。見たのは翌朝から和尚にお供して伊勢へ行く前夜でした。電車の中で和尚に不思議な夢を見て気がかりと言っていたら、宿泊先に大講堂が火事で焼けたと電話が入ったのです。

この延暦寺の難局に、叡南覺誠師が延暦寺執行に就任して、和尚も内局に入ることになり、私も回峰行を四百日で中断して和尚とともに働くことになりました。

ここに「法灯護持会」と書かれていますね。

「昭和三十五年（一九六〇）十一月十日　法灯護持会結成発起人会」

これはこの復興の流れなのです。延暦寺を守り発展させることを目的に法灯護持会を結成するために、和尚は当時の一流の大経営者をずっと頼んで歩きました。私も和尚に同行しました。東京では富士銀行の金子鋭頭取、日興証券の創業者である遠山元一さんへご挨拶に行きました。金子頭取はお坊さんみたいな顔されていましたね。金子さんは最初ジロっと睨みつけるようにして我々を見ていたけど、和尚も金子さんをジロっと睨(にら)みつけるようにしていました。そして和尚が大変熱のこもった話をしだすと、金子さんもじっと聞かれて結果的に了解をしていただきました。日興証券の遠山さんはたたき上げの方でした。

山田　富士銀行の金子鋭頭取は江川騒動時のプロ野球コミッショナーも務められた財界の重鎮ですね。日興証券の遠山元一さんは「相場師」で知られた証券業界の大立役者の方ですね。

覺範探題　日興証券へ行ったら、遠山さんは大きな部屋にあかりを照らして、椅子にどんと座っていました。最初はこのお坊さんは何者なのかという表情をしておりましたが、和尚の話を聞くとご納得されて協力を約束されました。このような感じであちこちの企業へ出向いて頼みに行きました。和尚と一緒に経営者回りを経験した弟子は私ぐらいですね。

東京、大阪、名古屋を中心に経済界の人に頼みました。

和尚を訪ねてくる政治家の方はたくさんいました。晩年は大蔵官僚で地元の滋賀から立候補された山下元利さん（元防衛庁長官）が、和尚の所に顔を出されていましたが、法灯護持会でお願いする方の中に政治家は入れませんでした。和尚が政治家を入れなかったのは、法華経の「安楽行品」の教え、修行中は権力のある方に近づくなという考え方です。そのため和尚は自分から権力に近づくことはしなかった。

ただ一人政治家では、前尾繁三郎さんだけを法灯護持会に入れておりました。前尾さんは政治家というより学者みたいな清廉潔白な人でしたので、この人は政治家ではないと判断されたのでしょう。それ以外の政治家は絶対に入れなかった。会員は全部経済界の人だけでした。

和尚はそういう配慮も全部しておりました。

山田　京都宮津のご出身の前尾繁三郎さんは大蔵官僚出身で池田勇人首相の側近、通産大臣、幹事長、衆議院議長を歴任され、「政界の三賢人」と言われた方ですね。作家の城山三郎さんが『賢人たちの世』という作品で前尾さんを取り上げており、図書館のように多くの蔵書があったとでも有名な学究肌の方です。

覺範探題　前尾繁三郎さんは時々和尚を訪ねて来ましたね。前尾さんはもともと大蔵官僚で、総理大臣にはなられませんでしたが衆議院議長を務めた学者みたいな方でした。

前尾さんは青年研修会という各界の講師を招いて政治や歴史、世界情勢を学ぶ合宿勉強会を主宰しておりましたが、和尚が執行時代に他の場所から比叡山に会場を移して開催されておりました。これも和尚と前尾さんの関係ですね。

比叡山ドライブウェーの建設以来、京阪電鉄の窓口だった青木精太郎さんは、和尚が亡くなった後に京阪電鉄社長を務められました。和尚は近鉄の佐伯勇社長や日本生命の弘世現社長といった大経営者とも深い交流がありました。

山田　佐伯勇さんは、昭和三十四年（一九五九）の伊勢湾台風の復旧時に大阪～名古屋の線路の幅を標準軌に統一して直通運転を実現、東海道新幹線開通に対抗して二階建て特急を導入した近鉄中興の祖ですね。弘世現さんは伊勢神宮も支援されました。

覺範探題　和尚はそのような当時の大経営者と向き合って法灯護持会を作り、まず奥比叡参詣自動車道の開通に尽力しました。

その前に内局が学会の権威の方に依頼して、今の比叡山自動車道の大津の建設時から入る構想を作っておりました。私が住職をしたばかりの時の話でしたが、この構想が大問題になってそれは喧々囂々（けんけんごうごう）でした。その計画だと一方的で、横川などへ繋がっていないからというのが主な反対理由です。和尚の指揮で計画を練り直して奥比叡参詣自動車道が完成して、多くの人が車で通過して来るようになり、叡山としての宣伝も出来るようになりました。奥比叡参詣自動車道建設に関しても和尚がこしらえた法灯護持会に協力していただき、多くの企業から資本を出してもらいました。そのおかげで奥比叡参詣自動車道ができたわけです。

奥比叡参詣自動車道を造ったのは大成建設でした。富士銀行の金子鋭頭取に大変お世話になったわけですが、富士銀行がメインバンクである大成建設が工事を請け負いました。あの時分で六億円ぐらい立て替えてくれましたね。そう言う経緯もあって建設が始まりました。

和尚はビジネスでも交渉事の前に、徹底的に調べて下準備をきちっとしていましたね。そこが他のお坊さんと和尚が違うところです。和尚は理想を追い求めるからこそ、現実を徹底的に直視して準備しておりました。

いきなり話をしたって簡単に出来るものではないです。その前の比叡山道の時は喧々囂々で一山会議でも大変な騒ぎでしたが、和尚は懸案事項の幹をとらえて根本から検証して自分の意見を提言するスタンスで優秀なビジネスマンのような堂々たる交渉ぶりでした。

大講堂の修理の時は、安田生命社長の竹村吉右衛門さんが中心になっていただき経団連のご協力を得て寄付をお願いすることになりました。当時経済界の大蔵大臣みたいな役割の人がいたのですが、その方に寄付を頼みに行くと、全部各社への割り当てとかしていただきました。

山田　その当時の財界の金庫番ですと、経団連の花村仁八郎さんですか？

覺範探題　そうです。花村仁八郎さんです。財界の政治部長と言われた方です。

どの会社には何百万、この会社は最低三十万円と全部割り当てていただきましたね。花村さんからいただいたその名簿を持って、全部の会社を回りました。

私は和尚の指示で東京担当者として、上野の東叡山寛永寺の一室を寄宿舎として、僧衣姿で名簿にある一流企業を全部回りました。和尚の都合が悪い時は私が和尚の名代として企業をまわって寄付をいただきました。和尚が集めたそのお金で大講堂が出来たのです。

和尚が亡くなった後に防災工事をした時も、横川中堂の再建時も、財源の手当はこの和尚が築き上げた流れがあったからこそ可能だったのです。

企業に出向く時は事前に紹介をしていただき、直接出向きました。その多くは竹村吉右衛門さんから紹介していただきました。竹村さんは和尚の葬儀でサントリーの佐治敬三さんと共に弔辞を読まれた一人です。竹村さんは浅草寺も支援していました。えらい人でしたね。竹村さんの助言のおかげでどんな会社へ行っても、卑屈にならず対等な扱いをしていただきました。大概の会社はすぐに受けていただきました。このような和尚の活躍により法灯護持会ができたのです。関西でも関東でも名古屋でも、有名な財界人、トップの方が受けていただきました。

山田　金子頭取率いる富士銀行（旧安田銀行）のからみで安田生命が世話をしていただいたのかもしれませんね。祖賢大和尚の出身地・愛知県では、どなたがまとめられましたか？

覺範探題　当時の名古屋商工会議所会頭の佐々部晩穂さんに名古屋財界をまとめていただきました。法灯護持会の初代会長は大阪財界の杉道助さんが引き受けていただきました。

山田　杉道助さんは大叔父が吉田松陰という方で、戦後の大阪商工会議所会頭を二十年以上務め大阪財界の再建に尽力された関西財界の重鎮ですね。偶然ですが日本の民間放送は昭和二十六年（一九五一）九月一日、名古屋の中部日本放送と大阪の新日本放送（現在の毎日放送）が開局したのが最初ですが、東海銀行と松坂屋の会長である佐々部晩穂さんは中部日本放送の初代社長、杉道助さんは新日本放送の初代社長を務められました。

覺範探題　本当の一流の財界人に代々引き受けていただきました。そのような会は日本で初めてではないかと思いますね。あれだけの人を揃えて協力してくれたのですし、その財界人の人たちが皆和尚のことを尊敬されて、叡山へ顔を出されたのですから、和尚は財界人の方にも魅力がある方だったのでしょう。ゴルフ好きの財界人の方がいましたが、車に必ずゴルフのクラブ積んでいて、時間があったら、半日のうちの何時間かでもやるって人もいました。そして、和尚に会いに来るのです。たしか琵琶湖ホテルの理事長もされていましたね。

ところが、とんでもない失敗があり法灯護持会の活動が休止したことがあるのです。ご存知かどうか分かりませんが、山口組の方が延暦寺で法要を行うことが全国紙のトップ記事で報じられて騒ぎになり法灯護持会の活動が止まったのです。延暦寺にとっても学ぶことが多かった大きな失敗でした。七年経過してやっと、いまの執行の前の前、武さんの任期の最後の頃に、何とか法灯護持会を復興していただきたいのですがと、サントリーの鳥井さんのところへ行ってお願いしてやっと復興したのです。後世への教訓として、あえてこの失敗を書いておいてください。

山田　サントリー創業者の鳥井信治郎さんも和尚との関係が非常に深いと聞いております。しかし、法灯護持会の総会名簿を確認していけば、それだけでも戦後経済史の貴重な証言です。経済人が残した文献を読んでも法灯護持会のことはなかなか出てきません。法灯護持会の全貌が明らかになったら、経済記者や大学の経済史の先生は驚く人は多いと思います。どうやってこれだけの経営者を集めたのか、経済史の研究者は、この祖賢大和尚は何者かと思うはずです。

覺範探題　その通りだと思います。山田さんが言われた当時の経営者は全部入っていますね。サントリーの鳥井信治郎さん、当時は寿屋でしたが、事業を始めた頃に、大阪の実業家だった豊田宇佐衛門さんの勧めで延暦寺での祈祷を始められたと聞いております。

和尚と鳥井信治郎さんの接点は、和尚と懇意だった大阪・四天王寺の塚原徳応師の仲介がきっかけです。鳥井信治郎さんは延暦寺、和尚の坂本復興に非常に大きな支援をいただきました。

有名なサントリーの社訓である「やってみなはれ」の由来は、もともとは鳥井信治郎さんが和尚のところへご相談に来られた時に、和尚が鳥井信治郎さんを励ました言葉なのです。

東京駅の近くに三井系企業の本社がございましたが、和尚が副執行、執行を務めていた時、三井家へ毎年ご挨拶に行っていましたね。三井家は天台系の檀家ですからね。和尚が復興した律院はそういうお寺の関係がございました。

和尚の代理で本家の三井八郎右衛門さんの方へご挨拶に行ったことがありましたが、すごい御屋敷でしたね。そういう歴史があるので和尚は三井財閥とも深い関係がございました。

財界四天王との直接交渉

山田　和尚は池田勇人内閣時代に「財界四天王」と称された産経新聞の水野成夫社長と直接

向き合って交渉して不利な契約を撤回させたと聞きました。産経の創業者である前田久吉氏が東京へ進出し、徳富蘇峰や桐生悠々、光永星郎の薫陶を受けた勝田重太朗氏を社長に迎えたけど、後発で苦戦したために住友銀行の仲介で水野氏に経営が変わり多角化された頃ですね。

覺範探題　水野成夫さんが経営されていた会社がサンケイバレーという観光施設を建設して、比良山を開発する話があったのです。産経新聞は水野さんに経営が変わって国鉄スワローズを買収したりしていましたが、比叡山麓で日本初の腰かけたまま登山できるカーレーターというのを設置して、スキー場などを建設しておりました。もともと産経は大阪が地盤ですから。

叡山は十六谷あるけれど、比良山の土地は回峰行の本場の無動寺谷に所属している明王院が持っていたのです。その契約について話しあっていたのだけど、明王院は二町歩（六千坪）を貸したはずなのに、先方は二百町歩を借りたと言って工事を進めていた。いろいろ調べると、言葉は悪いですがアホみたいに騙されて酷い契約内容だったのです。物凄く安い値段で契約をさせられて、こんないい加減なことをしていたらいけないという話になり、和尚が六鹿証券の六鹿健社長、安田生命の竹村吉右衛門社長に相談して原秀男弁護士へ頼みに行きました。

私も和尚に同行して何遍も現地の山へ行きました。和尚は膨大な書類を全て詳細に読破し、自ら関係者に聞き取り調査をして直接交渉しました。叡山を背負った和尚は、絶対に他人任せにしなかったのです。このように徹底した準備をして理論武装したうえで、和尚は相手側の大将である水野さんに会って交渉するために東京に乗り込みました。水野さんの会社は確か有楽町にありましたが、私も和尚に同行して東京へ交渉に行きました。

そして、和尚は水野さんとの直接交渉をして不利な契約内容を白紙撤回させました。それで契約内容を変えてお寺の収入が増えるようになりました。

私が和尚に同行して水野さんに会いに行った時に、水野さんは総理大臣の誰々と親しいと盛んに言っておりましたね。水野さんは戦前の東大時代は共産党に入って活動されていた方で、新聞『赤旗』の編集長もされたそうですが、三・一五事件の後に獄中で転向されて、戦後は左翼活動の経験を活用して財界の労働対策の専門家として名を上げた方でした。信者さんからは水野さんは政治性を兼ねた現実主義者なので相当手強い方だと何度も助言をいただきました。一方で文学作品を翻訳される一面もある方でした。和尚はそのように交渉する人の情報は事前に調べてから、面会の前に全部その内容を把握しておりました。

山田　祖賢大和尚の交渉に臨む姿勢は、孫子の兵法「彼を知り己を知れば百戦危からず」そのものですね。叡山を背負った交渉の覚悟と凄みがひしひしと伝わってきます。

覺範探題　当時の水野さんは産経新聞やフジテレビの社長でしたから、下手に闘いを挑むと我々は不利な報道をされてしまうと、多くの人から忠告されていました。しかし和尚は当時の財界四天王である水野さん相手に堂々と交渉して、比叡山に不利な条件を撤回させたのです。

のちにサンケイバレーの経営は悪化したため、経営母体が産経新聞から名古屋鉄道に変わりましたが、その会社に残った水野さんの元部下の役員の方は、この時の和尚の鬼気迫る真剣な交渉ぶりに「敵ながらあっぱれだ」と感銘されて、その後は和尚に心酔しておりました。

このようにものすごく苦労して、和尚は比叡山の経営について全部関わっていったのです。

反対者さえも骨抜きにした和尚の魅力

山田　祖賢大和尚に反抗していた人も最後は心酔されたとお聞きしております。

覺範探題　奥比叡参詣自動車道を建設する時は今東光師が反対派を煽って、関東天台の仲間と一緒に比叡山へ来て、旗を立てて反対運動をしていました。おい、一番でかい判を持ってきて押したれって。そんな風に和尚に文句を言いにきたのに、和尚に接するにつれて今東光師が和尚に心酔してしまい、すっかり仲良くなってしまったのです。今東光師は堀澤師の泰門庵へ来て、そこで小説を書いていました。あの反対騒ぎは何だったのかと思うくらい、今東光師は和尚は素晴らしいと公言するようになったのです。

敗戦から復興していく過程ではいろいろな人がいたのです。今と違って物もないし、食べるものもないから今では想像できないほど世の中が殺伐としていました。当時の裏話をしたらへーって言わなければならない中身がたくさんあります。とても書き残せませんが、下手に答えたら我々はお坊さんなのにドンと押してきたりしてね。

新聞記者でも、あんたは天台宗宗議会議員だろうって、胸ぐらを掴んだりするようなことをする人もいたのです。私は強かったと分かっていたから、私には何もしないのですが、弱いと思った人に対しては何をしてくるかわからない人もいてタチが悪かったですね。

そういう人たちがいつのまにか和尚に会うと一目を置いてファンになっていったのです。

和尚は戦後の混乱の中を乗り越えて、敵みたいな人たちを気が付いたら味方に変えてしまう不思議な魅力がありました。凄かったですね。どんな人間が来ても、和尚はいつの間にか相手を薬籠中（やくろうちゅう）のものにしてしまうところがありました。上を立てる人にはきっちり立てていましたね。

だから反対派もいつのまにか和尚に魅了されて大ファンになってしまうのです。あんな人はなかなかいませんね。

学者から行者へ

山田　それだけの大経営者や様々な人々が祖賢大和尚に魅了されたのは、行者としての深みだけでなく、祖賢大和尚の根底にある深い教養が滲み出ていたことに加えて、何より延暦寺の経営者としての手腕が、一流の経営者に肌で伝わったのではないでしょうか。そして祖賢大和尚は、執筆した論文が京都帝国大学の教授に褒められる学究肌の方だったと伺っております。

覺範探題　和尚は本来学究肌のお坊さんでした。叡山専修院の教授として『山寺両門分立史の一考察』など多くの論文を発表していました。特に国立国会図書館にこの度納本いただいた六百枚の論文『台密諸流史私考』は京都帝国大学の松本文三郎博士が「この論文は少し加筆すれば博士論文に匹敵する」と言わしめた優れた内容で、将来を嘱望された学僧だったのです。第二次世界大戦前に奥野玄順さんという有名な千日回峰行大行満がおりました。私の育ての親である渡辺援信さんが尊敬していた大行満です。和尚は若い時、学校の先生たちとよく遊んでいたそうです。私が聞いた話では、全部精算するため届いた請求書が巻紙で来たそうです。その時分で五百円か千円と言ってました。

その代金を奥野玄順大行満が全部払ってくれていたそうです。和尚はただ遊ぶだけでなく、勉強も人一倍していたので奥野大行満から大変可愛がれていたのです。奥野玄順大行満は和尚が読む膨大な本代も出してくれていたのです。

そんな関係があって、叡山を代表する千日回峰行者として有名だった奥野玄順大行満がお亡くなりになられた後、お山から千日回峰行をやる人間がいなくなってしまう、後を継ぐべき大行満を誰に託すかという話になりました。

そもそも回峰行とは何かを説明するのに、手元にある葉上照澄先生の著書に詳しく解説が書かれておりますのでそのまま引用しますが、「回峰行は日本で最初の大師号を授けられたお二人である伝教大師のお弟子さんの慈覚大師（七九四～八六四）のお弟子にあたる相応和尚（八三一～九一八）によって伝教大師の法華思想と慈覚大師の密教、念仏思想ならびに巡礼等がこれまでの山岳信仰と結びついて回峰行が出来上がったのです。法華七の巻第二十品の常不軽菩薩の気持ちが中心になり、但行礼拝を行い、全て仏となりうる人格尊重となり全てが成仏するための巡礼行となったものです」

このような伝統がある行ですから、比叡山にとって回峰行の後継者を定めるのは大変重要な問題でした。その議論を踏まえて和尚の師匠であり養父でもある「能化さん」叡南覺誠師が「祖賢、お前がやれ」と言って和尚を行者の後継者に指名したのです。それまでだったら和尚は学問に専念されていたらよかったのです。それだけ和尚は猛烈に勉強していたのですから。

でもそのような経緯があり、和尚は学者としての道を断念して千日回峰行の道へ入りました。それは若い頃から和尚に対して格別に目をかけていただき、和尚を非常に可愛がって期待していた奥野大行満へのご恩返しだと思って、覺誠師の行者後継の指名を受けた和尚は、学者から行者に転身したのです。行というのはひたすら自分の修行をするものですから、いざ行に入れば学問は横においてしまわなくてはならないのです。しかし、和尚が一度身につけた教養、知識や心得というものはしっかり身についていて、行に専念している時でも和尚の教養というものは光るものであると、間近にいたことで教えられたと思います。

『狩野君山の阿藤伯海あて尺牘(せきとく)集』という本がこの前刊行されて、私はすぐ購入しましたが、狩野君山という京都帝国大学の教授を務められた中国文学の有名な学者がいました。

私も狩野君山先生と話をしたことがあります。狩野君山さんは和尚と懇意だったのですが、君山先生は私たちから見たら神様みたいな大学者でした。

狩野君山先生の弟子で葉上照澄先生と同じ岡山出身の阿藤伯海先生という方がいます。阿藤先生は旧制第一高等学校から東京帝国大学を卒業されて、法政大学や旧制第一高等学校で漢文を教えた学者ですが、その関係で和尚は狩野君山先生ともお会いしていました。

尺牘集の中に出てくる名前に、狩野君山の葬儀に和尚が私を同行していったと私の名前も書いてありました。狩野君山先生は近代における最高の中国文学の学者だったそうですね。君山先生は中国の学者の号が島やその島の名前をとったというのを知っていたので、生徒を連れて行った時に君山という名前を聞いて、それを号に捉えたということです。

そのような当時の一級の漢学者たちが和尚のために作っていただいた詩がございます。

大学者は滅多に詩を書いて渡さないものですが、その詩はちゃんと表装して律院に残っております。和尚はそういう一級の学者の方とも深い付き合いが出来た方でした。

ある本に松本文三郎先生（京都帝国大学教授）の名前が出てきました。松本教授はインド文化や仏教美術史が専門で、あの時代で一流の学者だったそうですね。その松本教授がきちんと考証して加筆すれば学位論文になると和尚の論文を褒めたというのですから、和尚は学者としても一級だったのでしょう。岡山の定光院の住職だった谷祐遵さんという和尚の同級生がその論文を褒めていましたね。だから君たち和尚の弟子は師匠のように勉強しなきゃ駄目なんだよと私たち弟子たちはよく言われたものです。

ここにも『叡山学報』の綴りが二冊ありますが、稲田祖賢が多く出てきますね。

世界宗教サミットを発起した葉上照澄大行満

山田　先程も話に出ましたが、祖賢大和尚の義兄弟分として大変なインテリで知られていた葉上照澄大行満がいたことも叡南一門にとって大きかったのではないでしょうか。

覺範探題　葉上照澄先生も和尚と全く同じ明治三十六年（一九〇三）生まれで同年でした。和尚が五月十五日生まれ、葉上照澄先生が八月十五日生まれでちょっと誕生日が遅かっただけなのですが、葉上先生は「行の先輩」として和尚を大変慕っていましたね。

葉上先生は旧制第六高等学校、東京帝国大学を卒業されて、大正大学で哲学の教授をやっていた大学者でもあるのに学問を捨てて回峰行に入ったのです。

ある時に葉上先生が「わしが書いた本は旧制高等学校で使っているんだ。わしはだから印税が入るんだ」と私に言っておりましたね。葉上先生はお酒も煙草も凄くたしなんだ人でしたが、和尚のもとに来られてから、お酒も煙草も一切やめられたのです。あれだけ意志が強かった人は珍しかったですね。

戦前の大作家である菊池寛の有名な小説にモデルとして登場する葉上先生の奥さんが大変な美人だったそうですね。葉上先生は第六高等学校、東京帝国大学を出ていて、旧制高校が葉上先生の著書を教科書として使っていたくらいですから相当なインテリの方でした。

葉上先生は酷い近眼だったのですけど、和尚から、「行者には似合わないから眼鏡を外せ」と言われたら、何と葉上先生は眼鏡を外したのです。葉上先生とご一緒させていただいた時に「向こうから来るのは誰だ」とよくこっそり聞かれました。

そんなに目がよく見えない状況なのに葉上先生は「自分は修行しているのだから和尚との約束を絶対に守る」と言って、千日回峰行中は一切眼鏡をかけませんでした。

葉上先生が十万枚護摩供の時は、京都府立医科大の藤原先生が、修行中に起こる生体変化を科学的調査するというので、葉上先生の護摩供は当時大変な話題になって報道されたのです。十万枚護摩供行の最中に不整脈が生じて、お医者さんが瞳孔が開いている、極限状態だからすぐに注射が必要だと言ってきたのです。

その申し出を聞いた先達である和尚が「仏さんにお誓いしたのだから死んでも本望だ」と、お医者さんの提案を退けられて、葉上先生は無事満行されました。

葉上先生の著書はたくさん残っておりますから、葉上照澄先生の著書をご一読いただければあの大インテリの葉上先生があれだけ和尚を尊敬したということは、和尚の教養レベルがどれほど高かったか御理解いただけると思います。

山田　比叡山の世界宗教サミットは葉上先生の構想で実現されたとお聞きしております。

覺範探題　そのとおりです。世界宗教サミットは山田恵諦座主の時代に開催されましたが、もともと葉上先生が世界連邦日本宗教委員会を結成しまして、ローマ・カトリックとイスラムを和解させようと動いたのがはじまりです。

葉上先生はエジプトに出向いてサダト大統領と会談をされて、ローマ教皇・パウロ六世と接見をされて、シナイ山でアメリカ、イスラエル、エジプト、日本の各宗派参加による合同礼拝を実現させたのがきっかけとなりました。東京帝国大学を出た葉上先生は英語、フランス語、ドイツ語がペラペラでしたから、外国の重要人物と会談しても通訳を必要とせずに深い会話ができたので、各国の宗教人や政治家はみな葉上先生の深い教養に驚き一目を置かれたのです。

このような葉上先生の長年の国際交流が土台となったからこそ比叡山の世界宗教サミットが実現したのです。山田恵諦座主は世界宗教サミットの開催を重ねるうちに、葉上先生の高邁（こうまい）な理念と壮大な構想をご理解されました。

祖賢大和尚の師匠・叡南覺誠探題大僧正

山田　お門主は叡南祖賢大和尚のお師匠である叡南覺誠探題大僧正ともいろいろな思い出があったと伺っております。祖賢大和尚の学者から行者への転身を決定づけた方ですね。

覺範探題　臈僧（覺誠師）はとにかく厳しくて、叡山で一番怖いと言われた有名な方でした。私たち小僧は、「能化さん」と呼んでいました。回峰行に赤山苦行というのがあります。能化さんは赤山禅院を復興されて住んでおられました。その言葉をもじりまして小僧が赤山へ手伝いに行かされることを「赤山苦行」と皆怖がったものです。能化さんがあまりに厳しいので小僧たちが逃げ出して居つかないことで有名でした。それほど能化さんは厳しい人でした。

私は和尚に言われて赤山の能化さんのところへ何度も手伝いに行きました。

だから和尚の言うことは拳拳服膺（けんけんふくよう）して能化さんのお手伝いをしました。

のちに能化さんは探題を務められました。

普段は信者さんにはニコニコしていますが、小僧には不思議なくらい厳しい。昔の人は皆そのくらい厳しい師匠から教えを受けたのです。能化さんはそういう人でした。

和尚から「臈僧（能化さん）に食べさすんやぞ」と言われて、赤山にお米を担いて行ったことがあります。私が料理をして運ぶのです。能化さんの分だけきちっとお米を炊きました。ろくな食べ物がない時代、しかもその時分は食べ物を絶対買いません。自分でさつまいもを作る、野菜も作って、桶を担いで人からもらうものだけで生活していました。

私は芋と豆、豆を石臼で粉にして、それを団子にして、芋と団子ばっかり食べていました。一か月ほどそんな生活が続きましたら和尚は能化さんと話したのでしょうね「覺範も一緒に食べていたんやろ?」って言ったそうです。能化さんの分は一か月なら一か月分で渡しているのですから私が食べていたら足りるはずがないです。だから覺範はお米を食べていないはずだと和尚が能化さんに言ったそうです。それから私は能化さんに信用されましたね。

私は親を早く亡くして五歳で養子にいったわけですが、もらわれた先のお父さんと呼んでいた渡辺さんが六十過ぎでした。昭和の初めで小学生の年齢の子が六十歳の初老の男性をお父さんって呼んでいたわけです。だから、比叡山へ来て能化さんを見ても、怖いっていうよりか、何となくお父さんみたいな感情を受けたのです。それが得だったのだと思います。十代前半の他の小僧の方と違って私はかなり年上の弟子だったし、私は軍隊を経験してからお山に行った影響もあるかもしれませんね。能化さんが怖いという面が少なかった、それは得だったですね。

延暦寺のお堂を再建するために資金集めに行った時の話です。凄い大嵐の時に能化さんと一緒に神奈川へ行きました。新幹線開通前の昭和三十八年（一九六三）頃だったと思いますが、その時、私はこの先、能化さんは飛行機に乗る機会はないだろうからぜひ能化さんを飛行機に乗せてあげたいと思ったのです。私は天気予報で翌日には天候が回復すると確認してから、「東海道線が不通で飛行機しか動きません」と嘘をついて、能化さんを飛行機に乗せました。

天候は晴れていたけど飛行機に乗ったら嵐の後の気流のため風が大変荒れていたのです。アメリカの中古の小型プロペラ機でしたけどもの凄く揺れました。無事に着陸して感想を伺いますと、能化さんは「案外どうもないもんやな」ってにこっと笑っておりました。

能化さんは飛行機に乗って嬉しかったんだと思いました。その後、信者さんが来る度に、「覺範が嘘つきよって飛行機に乗せられたわ」と嬉しそうに喋っていたと聞きました。

私が結婚した時もどんな顔されるかと思ったら、能化さんはにこにこして小遣いをくれましたね。家内が行ってもいつも案内していただいて、必ず一万円ずついただいたそうですが、のちに和尚から「能化さんから小遣いもらったのはお前だけだ」と言われました。

例えばお菓子があっても絶対食べろと言わないような昔の人でしたね。和尚はなんぼでもあったら全部食べさせる人だから。「臈僧、小僧にもやったらよろしいがな」って言ったら、「欲しかったら食べたらいいがや」と言う。誰も手を出すわけいかないですね。

だから能化さんは懐へ飛び込んだらどうということないんだけれど、それまでが小僧にとってはなかなかうまくいかない。でも真面目にやっていれば叱られない。例えば小僧は食べるものがないから自分で肥えを担いで作ったさつまいもを食べるわけですが、能化さんが秋に畑を掘り返すと小さな芋しかない。能化さんも分かっているから何も言わなかったですね。傍から見て怖いと見ていたら何処までも怖いもの、そういうものです。私が一番よく能化さんがいる赤山へ行っていたでしょうね。年齢が若かった周りの小僧たちは、怖くて有名な能化さんと聞くと怖い怖いと震えちゃうのですね。

山田　祖賢大和尚からみて、相手の懐に入って、正直にというお門主の姿勢が、経営者、秘書さんと調整する仕事などに向いているのではと考えていたのではと思いました。

覺範探題　まあまあこいつなら真面目にやるだろうと思ったのでしょうね。私は特に才はないし本もそれほど読まないけど。伝教大師最澄さまは和歌を通して日本の言葉による仏教の日本化に取り組んだわけでので、私も歌を作ったりしているけども、頭が少々悪くても正直にして一途にいけば、いいところがあるから、活きてくればそれでいいと思いますね。うんと大きく成長するか、結局そういうことだと私は思いますね。

私は小説がどうも苦手であまり読まなかったのです。和尚に同行して現実のいろいろな世界を見たから、小説を読む気にならなかったのかな。今思えばもうちょっと小説も読んでいればよかったけれどね。どこの世界でも下積みを通り抜けて絞ってやっていくとものになる。修行時の和尚の教えは本当に厳しかったですよ。食べ物もろくにない時代でしたし。でもみな和尚を慕っていた。『おしん』の再放送をやっていましたけど、いいことだと思いますね。苦労したら報われるということを理解した方がいいですな。今は苦労すること、厳しい教育が悪いことみたいに言われることが多いけど、いい傾向ではないと思いますね。

和尚は厳しかった。でも、和尚の厳しさの根底には、預かった弟子を何としても一人前に坊さんにしようという使命感と非常に深い愛情がありましたね。

赤山の臈僧のところへ行かされた時でもそうです。「一か月間拝むこと専念しろ、おまえはとにかく弁天さんを拝め」と言われました。思えば能化さんのような大変厳しい師匠に育てられたから和尚もかなり影響受けていたでしょうね。

結婚式で私が必ずいうのは、千三百年前に『万葉集』で山上憶良さんの言葉、「銀（しろがね）も金（くがね）も玉も何せむに勝（まさ）れる宝子に及（し）かめやも」です。

子供が一番大切であって物じゃない。まさに伝教大師のお言葉と一緒なのです。

昔のいいところを活かすからこそ歴史伝統があって、麗しい歴史の中で伝統になっていくのだから活かすべきだと思いますけど、最近は何でも新しいのにすればいいという声が大きい気がします。だけど残っている伝統というのは本物だからいつまでも残るのです。私らの子供の時代は今思うと色々あったけど、何事も時代を超えた根本を何か見るように心がけるようになったのは和尚のおかげですね。

とにかく十二年籠山して千日回峰行をやったって人はうちの和尚が初めてでしたからね。千日回峰行でも十二年籠山する必要はなかったのですがそこが和尚の偉いところです。普通なら千日回峰やって終わったら、マスコミに出ることなどいくらでも出来るけど、そういうことをせずに、千日回峰終わっても「自分はお大師様のお心を受け継いで、十二年籠山をしながら千日回峰をやる」と心に決めて十二年間籠山をきちっとしたところに、お大師さん一筋、いかにお大師様の考えを重んじていたかというところに原点があったのです。

そこが和尚と他の人の違うところです。同じ理由でも重みがあったのです。

和尚の思い出は話をすれば尽きないですけどね、今の言葉で表現すると大変なオーラがありましたね。学問に励んで、行をやって、自分の弟子だけでなく、天台宗の住職育成に尽力して、比叡山の経営を指揮して、和尚は様々な分野で大変な活躍をされましたけど、和尚の全ての行動に共通するのは誠意ですね。そしてその見識、実績が自然に滲み出て大変なオーラだった。和尚は、お大師様の生まれ変わりかなと私は思っております。

山田　お弟子さんを指導される上で、一番祖賢大和尚から受け継いだことは何でしょうか？

覺範探題　やっぱり、いかに伝教大師のお心に少しでも添いたいという気持ち、それを伝えていくこと、とにかく拝めと。それ以外ないですな。同じことを堀澤師や光田師も言っていましたけどね。振り返るほど、あれだけのことをしてきたけど本当に大したものや思いますね。あらゆる分野であれだけ素晴らしいことを成し遂げることは簡単にはできない。

和尚は外に対して偉そうに言おうとか、こういうことしたとか一切言わなかったですからね。ひたすら黙って目の前のことをこなして、とにかく拝んでいたのです。うちの和尚はお坊さんとして一番大事なことは拝むことやと身をもって示した人でしたね。

今回のご提案は正しい史実は後世の研究者や後輩の方のため残しておくべきというご意見に共感、人間は知らないことには興味を持たないというご指摘、「百年に一人の傑僧」と言われた和尚の業績を振り返ることは後進の参考になるかなと思って、この取材に賛成した次第です。

松本教授に賞賛された論文のことも噂には聞いていたけど、和尚は一言も言わなかったし、小僧の頃は見たことがなかったのです。

延暦寺執行時代の和尚が、延暦寺を行啓された小学生時代の浩宮徳仁親王殿下をご案内された写真が残っております。約半世紀の時が経過し、浩宮徳仁親王殿下は天皇陛下に即位されて、平成から令和の時代に移りました。

和尚が生まれた明治、和尚がお山に上った大正、叡山の復興に邁進した昭和の時代は遠くなりました。何しろ和尚が遷化されてから半世紀の時が経ちます。

とにかく和尚はどんなことに対しても判断が早く適切な方でした。こうやって和尚の業績を改めて振り返えると、和尚の弟子として、和尚から学んだこと、経験したことを次世代に伝えていくこと自体が大事な教育なのだなとつくづく思いますね。

（聞き手　山田　修康）

第二章

これ以上厳しい師はいなかった。だけどあれほど優しい師もいなかった

善光寺長臈・村上光田大僧正

越後津南・見玉不動での少年時代

山田　村上大僧正は普段からお師匠様である叡南祖賢大和尚の話をよくされますが、入門までの過程から祖賢大和尚の教えまで幅広くお伺いしたいと思います。

村上長膳　昔から多くの学僧が比叡山へ行く目的は、学問と修行（しゅぎょう）をする良き環境と良き師を求める、解行双修の道場です。私も良き師と勉強出来る環境を求めて登叡しました。入門した師・叡南（稲田）祖賢は、それは素晴らしいお師匠様でした。

私は昭和八年（一九三三）一月一日、康源寺（新潟県妙高市石塚町）の子に生まれました。祖母の実家・応満寺（新潟県糸魚川市筒石）は姉小路家の系統です。

実の両親と早く死に別れたため、数え歳六歳の時に見玉不動（見玉山正宝院・新潟県津南町秋成）住職の父方叔父・中澤法城の養子になりました。

見玉不動は、壇ノ浦の合戦で平家が滅びた翌文治二年（一一八六）、平清盛家臣の宮本清左衛門が平家の戦場守護神の不動明王を奉持し見玉に安置したのが由来です。

客車と貨物車が連結した列車と木炭バスの時代、越後の高田・新井から安塚を経て、松之山温泉の米屋旅館に到着、そこで、私を送り出す側の康源寺の親族と、引き取る側の見玉不動の親戚が落ち合い、私は引き取られて見玉不動で暮らすことになりました。

引き取られた親戚の見玉不動は兄弟が多く、養父法城没後に住職を引き継いで父親代わりとなった長兄・弘光夫婦とは年齢差がありましたが可愛がってもらいました。

今は養子と言いますが当時の言葉は「貰っ子」です。父親がいない子を「父無し子(ててなしご)」と言って差別があった時代です。学校で揶揄(やゆ)され、いじめられても我慢して学校へ行きました。今も背中に傷痕が残るいじめを受けて、学校へ護身用に棒を持って行かなければならない状況でした。わしをいじめたらこの棒でぶん殴ろうと思い、棒を持参して登校すると、あの子は道端の草にも嫌われる悪い子だと言われましたね。今思えばこの時期に我慢強く生きた経験は後に比叡山での修行時の土台になりました。

当時『少年倶楽部』を読みたかったのですが買えなかった頃、見玉不動に置いてあった講談社の絵本を近所の友達達(たち)に一銭で貸しだして二十五銭を貯めました。このお金で本が買えると喜んでいたら、貯めたお金を養母に見つかり凄(すご)く叱られました。

「私はおまえを立派な人間に育てようと約束したのに、子供達からお金をとって本を買うとは何事だ、すぐ返してきなさい」と怖かったです。多くの子から貰っていたので誰からいくらもらったか覚えてなくて困っていると、本堂へ行って、お不動様のお賽銭箱に入れてきなさいと言われ、泣きながらお賽銭箱にお金を入れてきました。養母は「こういうことは二度としてはいけないよ」と言って私の頭を撫でてくれました。

お賽銭箱にお金を投げた翌々日の朝、目が覚めると『少年倶楽部』が枕元にありました。

当時、信越電力（のち東京電力）中津川第一発電所の社宅周辺と津南の中心地大割野の間を便利屋さんが往来していました。養母は私を叱った後、密かに便利屋さんから取り寄せ、サンタクロースのように私に直接渡さずに、寝ている間に枕元に置いてくれたのです。八十年経った今でも思い出すと涙がこぼれるほど嬉しかった。観音様か仏様のご慈悲かなと思うほど感激を受けました。

私は米寿を過ぎた今でも自分が産んだ子と養子の私を平等に育てようと懸命だった養母への恩を忘れられません。あの戦中の大変な時世、養母が養子である私のために本を取り寄せてくれたことが信義・公平・平等の大切さを心に刻んだ私の原点であり、のちに比叡山で師となる叡南祖賢大和尚の人への公平な対応に感銘する土台となったのです。

比叡山へ導いた『路傍の石』

山田　本が好きな少年だったとお聞きしましたが、思い出の本はございますか？

村上長臈　比較的多くの本を読みました。戦前に小学校へ入学した頃はまだ教科書がありました。全国統一の教科書ですから、子供が沢山(たくさん)いる家庭は新しい教科書は買わずに兄や姉が使った教科書を弟や妹が使い、その本を下の弟と妹が使った時代です。「サイタ　サイタ　サクラ ガ サイタ」から始まる『小学国語読本』をよく覚えています。

本好きになった一因に、養父法城が雪崩の山中で、川端康成の『雪国』の舞台である越後湯沢温泉・高半旅館のご主人を救助した出来事があります。のちに晃慶兄が湯沢で事故に遭い亡くなった時、偶然救助して世話をしていただいた方がそのご主人で、自分を救助してくれた法城の子だったとはと仏縁を泣いて語っていたそうです。

大東亜戦争が始まると学校の教材はほとんど無くなり、戦争が激化すると先生は今の紙面一枚の半分程になった新聞を教材に国語の時間に対応、昭和十九年（一九四四）になると読むものが無くなり、先生は学校所蔵の本や先生の私物の本を読み聞かせました。古い教科書を持ってきて、数学とか地理を教えていただきました。教科書どころか紙もなく、黒板に水をつけた筆で習字の練習です。あとは教練で竹槍を突くとか、棒切れを持って剣道、ダンジョウとかいう木の鉄砲を担ぎ行進し、木剣を振り回して鍛錬、米兵が来たら打ち倒すのだと教えていました。

大工さんが「どうやら戦争負けそうだ」と話をしたら、十日町警察に連行されて拘留された怖い時代でした。山奥で戦況が分からず、戦争負けると思っていませんでした。

終戦前は周囲が農家にも関わらず食料が不足逼迫、校庭にカボチャや薩摩芋（サツマイモ）を作り、都会から疎開した子と焼畑農業で年数回の収穫があるソバ・ムギを作って命を繋ぎました。

そんな小学校六年生の時、金井栄二先生がいい本があると読み聞かせていただいたのが山本有三の『路傍の石』でした。主人公の吾一が鉄橋にぶら下がり涙を流して勉強したいと叫ぶ場面に大感激して、真剣に勉強して大好きな本を読みたいと思いました。

「踏まれても　根強くしのべ　道芝の　やがて花咲く　春は来るらん」

卒業する時に今も忘れられない詩を贈っていただいた金井栄二先生は卒業後の進路に迷っていた私に小さな光を当ててくれた大恩師です。

私は住職を引き継いでいた長兄に「勉強したい」と相談をしました。

「私はお寺を守っているだけでも精一杯、とても学校へ行かせるなど経済的に無理だ。ただし一つだけ方法がある。おまえ坊さんになるか？ここ（見玉不動）では駄目だが、わしら天台宗の本山である比叡山なら偉いお坊様が大勢いらっしゃるから、比叡山で勉強しよう。比叡山でどう育つかはお前次第だ。卒業したら比叡山へ行ってみるか」この兄の言葉で比叡山へ行く決意をしたのです。

人はみな仏様の子

山田　一冊の本が村上大僧正の人生を変えて、比叡山での祖賢大和尚との出会いに繋がるのですね。当時新潟の山奥から比叡山へ向かうのは大変だったと思います。

村上長膳　汽車もまともにない時代です。新潟・長野の県境にある飯山線森宮野原駅に積雪量を測る柱があって、昭和二十年（一九四五）二月の積雪で7メートル50の記録が刻まれているほど雪深い土地です。飯山線は積雪で数か月不通になるのが当たり前、飯山まで歩かないと飯山線、信越線、中央西線の汽車に乗車が出来ない状況でした。

重いお米を背負って、見玉不動から越後外丸駅（現在津南駅）迄12キロメートル歩いて、今の国道１１

7号線を雪中十五時間かけて飯山まで歩き、飯山駅前の旅館に宿泊しました。当時は食糧難でお米を持参しないと泊めてもらえなかったのです。兄が背負った柳行李（やなぎごうり）は国鉄チッキにして、大津の江若鉄道叡山駅着で送付し、我々は飯山線で長野駅を経て比叡山へ向かいました。各駅停車で大津まで二十四時間かかりました。初めて乗った東海道線の車窓から見た麦踏みの景色は今も脳裏に焼き付いています。

飯山線は電化されていない汽車でしたので、坂本に到着して初めてケーブル電車を見た時は驚きました。一般人は戦中戦後しばらく簡単に乗れず、軍関係者と一山の住職が優先乗車でした。山頂の西尊院はロケット特攻機「桜花」の砲台にされましたが、敗戦後に破壊され米軍がキャンプ場に使用しました。後年、西尊院は同期・福田徳衍君の父である福田実衍大僧正により再建されました。

衣一枚、着物一枚と半襦袢一枚の学生服姿でケーブルカーの隅に乗せていただき、兄と私は延暦寺の宿院に到着しました。見玉不動の法類寺・大慶院（新潟県十日町市）中川光忍師の紹介状には、「比叡山には大変偉い行者さんがいらっしゃるから、そこへ訪ねて行けば」と書いてあるとのことでした。その言葉だけで兄も私を比叡山へ連れてきたのです。でも何処にどう訪ねて行けばいいか分からない。それは寂しかった。

　木造建築だった宿院（今の延暦寺会館）を訪ねると、事務室に一人の若いお坊さまがいました。のちに私が指導を受ける武覚円先生で、兄と暫（しばら）く話してこう言われました。

「無動寺谷に稲田祖賢という人がいるから紹介状を持って訪ねてみなさい。宿院では指導する人もいないので小僧、学生として置けない、学校へやることは出来ない」

　私たちは無動寺谷の明王堂を訪ねることになりました。後に仲座を務める今井玄崇さんに案内されてケーブル中堂駅から無動寺坂を降りていきました。仲座がいなければ天台宗・比叡山の法義は成り立たない、そのくらいの権威と知識を持った方です。

　無動寺に到着すると、私の師となる稲田祖賢（のちの叡南祖賢）阿闍梨さまに初めてお会いしました。眼光が震え上がるように鋭く、だけど微笑みがあってどこか優しさを感じる行者さまだというのが、「叡岳の豪僧」「叡岳嶺の白鷺」と言われた師の第一印象でした。

「本人が勉強したいというからご本山へ連れて来た。ご本山には立派なお坊さまがいる。そして良き指導者に仕えなければ立派なお坊さんにはなれない。是非この子を育てていただきたい。そして迷惑でなければこの子はお山に差し上げます」と、私の横で兄は阿闍梨さまに懇願しておりました。

この兄の懇願を叡南覺範探題大僧正様がよく覚えているそうです。

「人はみな仏様の子だからな。よし、二、三日いてみろ」

兄の懇願をじっと聞いていた阿闍梨さまにそうおっしゃていただいた一言が、私がお坊さまになる第一歩となり、私はしばらく師に預かっていただき通学することになりました。私の得度と四度加行等の修行は少し後になり、昭和二十三年（一九四八）に入檀灌頂を受けました。

無動寺谷での小僧生活

山田　幼かった身にとって、無動寺谷での生活は厳しかったのではないでしょうか。
村上長臈　師は戦後の大変な時、しかも籠山行（十二年）と千日の回峰行の最中で、かかった疫痢も完全に治癒していないで苦しんでいた時、そして食糧事情が悪い時代によくぞ私たちを育て指導してくださいました。学校に通いながら本格的な小僧生活が始まったので、お坊さまの基本を学ばなければなりません。掃除、洗濯、炊事当番と朝は忙しい。それが終わって学校へ行く。師は学校へ何時に行って、何時に学校が終わって、何時のケーブルカーで帰ってくると承知していましたから、時間に遅れると大目玉を食らいます。お坊さまの生活そのものが修行の世界ですから、師の一挙手一投足を見逃してはなりません。

行中の師は深夜二時、三時に起きます。普段の小僧の生活は師・阿闍梨さまより早く起きることになっていましたが、阿闍梨さまは朝が早かったので、小僧が起きる前に本堂でお勤めしていた気がします。遅れてはいけないから、私たちの就寝（布団の中）は着の身着のままでした。最近坂本のある人に「やはり和尚さんの弟子だわな、寝巻きを着ないでそのまま寝るなんて」と言われて気がついたのですが、米寿を過ぎた今でもその習慣が残っています。阿闍梨さまの「おーい」って声が聞こえたら「はい」って飛んでゆかねばならない、我先で駆け付けたものです。こたつがあれば五人でも十人でもこたつに足を突っ込んで寝るのです。まさに一心同体でしたね。

生活のリズムが師弟一緒でしたから、師の食事も皆と区別なく一緒です。お客様の時の食事はお勝手にいた四国徳島出身の久保浄照さんが準備することがございました。

関西テレビの天気予報に出演されていた福井敏雄さんは浄照さんの甥にあたります。

「師は怖くて物凄く厳しかったけど、どこかに優しさがありました」と言いましたが、どういう魅力か説明しろと言われてもうまく説明出来ない。話をしても、呼吸をしても、怒られても褒められても、それは魅力のある師匠でした。

食べ物も何も無い時代、落雷で長期間電気が使えない時もありましたが、みんなで一緒に生活していて違うのは寝る部屋と布団だけ。あとは全部一緒に過ごしました。

だから師と弟子の間に違和感、距離感など全くなく暮らせました。今から考えれば阿闍梨さまも苦しかったでしょうね。多い時は約三十人の小僧と共に暮らしました。

戦時中の食料逼迫時に五穀を食べられず、そばがきの雑炊の食事で命を繋いだ経験をしたので無動寺谷での小僧生活は苦になりませんでした。小鴨覚禅先輩（恵光院）も小僧時代に汁の中に米粒が数粒浮いているお粥を毎日食べたと子息から聞きました。

越後の山奥である見玉不動から登叡した私にとっては、日曜祭日を除けば毎日学校に行けて勉強できることが幸せでした。どんなに怒られても、師について行く、坊さんとして共に生きて行こうと決心して、師の一挙手一投足を吸収しようと思いました。

大行満の精神と叡南一門の系譜

山田　正式にお坊さんになられて「光田」になられたきっかけは？

村上長膓　岡山の方から津島琢二という新しい小僧が来ることになり、一緒に得度させてくれると言うことになり、早速得度することになりました。得度した時に、私は幼名の薫を光田に、琢二は仁田に、その年の暮れに桜井正好は正田と改め、三人の田が揃い、お坊さまの仲間に入れていただきました。それまで私は預かりの身だったので、師は私を薫君と呼んでいましたが、得度してからは光田と呼び捨てになりました。

得度して師から最初に聞いたお話は、願海大行満や正井観順大行満、三人の弟子に付けられた田（でん）の字の由来である大椙（大杉）覺寶大行満のことでした。

上州高崎出身の願海大行満は天保九年（一八三八）十六歳の時に東叡山養寿院の範海師のもとで受戒、天保十四年（一八四三）比叡山延暦寺に上りました。

ペリー提督が黒船を率いて浦賀に来た嘉永六年（一八五三）千日回峰行を満行し、孝明天皇、のちに明治天皇となられる祐宮さまの安穏長久を祈祷して、勤王僧と呼ばれた方です。願海大行満は尊王攘夷派の浪士に追われた絵師・冷泉為恭を匿ったため浪士に追われ、転々とし葛川で遷化されました。善光寺近くの寛慶寺に願海大行満が寄贈した冷泉為恭の絵がございます。為恭の弟子に山内堤雲（初代八幡製鉄所長官・順天堂創始者佐藤泰然の甥）がいます。先日願海大行満のご両親が眠る向雲寺（高崎市）にお参りいたしました。

正井観順大行満は津軽の出身です。明治時代に津軽海峡白神岬沖で遭難した瓊江丸（けいこうまる）の供養をしたら夢を見て、家族と別れて出家し登叡され、山岡観澄大僧正（第二百四十三世天台座主）の弟子として無動寺谷明王堂で修行されました。回峰行の最中、家族が一目会いたいと比叡山へ来た時、行者として会わずに陰で泣いていたことから今苅萱と言われた方です。二千日の回峰を終えて、三千日を目指している最中、無動寺坂で倒れて亡くなっていたのを発見されました。現在そこには観順地蔵が建てられております。

この正井観順大行満は師が学者から行者へ転身する契機になった奥野玄順大行満に影響を与えました。私はのち福生院の縁者の法要で東北へ行ったら、正井観順大行満の御一族の方で不思議なご縁に驚いた経験がございます。

第二百三十四世天台座主である大行満・大椙（大杉）覺寶探題大僧正（文化十年（一八一三）～明治二十三年（一八九〇））は、明治四年（一八七一）の廃仏毀釈（はいぶつきしゃく）の頃に、比叡山復興と延暦寺を守るため、高齢だった第二百三十三世天台座主・赤松光映探題大僧正に代わって、大久保利通、山県有朋、大隈重信などと折衝された方です。

大椙座主は元大垣藩士出身、四天王寺の洞村実戒師に学び、六条有容中納言猶子になられました。天台教学の最高位である探題から天台座主（第二百三十四世）に就かれました。この時から天台座主と探題をセットで呼ぶようになったと聞いております。

そもそも比叡山は鎮護国家、いわゆる皇室を守り、国家を守るために桓武天皇から続いているお寺です。大椙覺寶師は参議兼大蔵卿である大隈重信侯のところへ出向き、比叡山をどうか延暦寺に返していただきたいとお願いに行かれました。

大椙師は最初玄関払いされたけど、大隈侯は部屋に通してくれたそうです。

大隈侯は大椙師を部屋に通したきりのまま、お茶の一杯も出さずに何時間でも待たせて、どんな人間かと試していた。その間、大椙師はただ床に向かって一生懸命お経を読み拝んでいたそうです。大隈侯はその様子を襖からそっと見て、これは本物のお坊さまだと感じ、それが比叡山を全部延暦寺に返す決め手になったと師から教わっておりました。最近資料を確認したら明治十二年（一八七九）四月に大隈重信参議兼大蔵卿の名で三条実美太政大臣に上申したと記録されておりました。大椙師は明治十七年（一八八四）七月、天台座主に就任しておりますので、師から教わった話の通りでした。

大椙座主は千日回峰行大行満として十萬枚護摩供法要を最初に始められ、京都御所に土足参内して孝明天皇をお加持しました。その翌慶應元年（一八六五）、晃順大行満が天皇陛下をお加持した最後の方です。大行満のみに認められる土足参内はこの後しばらく途絶えました。勧修寺信忍大僧正のご尽力により、昭和二十一年（一九四六）師が千日回峰行満行をされた時に大行満の京都御所への土足参内が復活します。

この大椙覺寶大行満の弟子に明治三十六年（一九〇三）に千日回峰行を満行し、『北嶺行門始祖相応和尚略伝』を編纂された叡南覺忍大行満と長谷忍田大僧正という大椙覺寶座主同様の大学者がおりました。叡南覺忍大行満の弟子に私の大師匠である「能化さん」叡南覺誠探題大僧正と池田長田大僧正がおりました。

つまり私の法縁は父・叡南祖賢師、祖父・叡南覺誠師、曽祖父・叡南覺忍師、高祖父・大椙覺寶座主、大叔父・池田長田師となります。

池田長田師も大学者で、師は池田長田師を大変尊敬していました。

師も昭和五年（一九三〇）に執筆した論文『台密諸流史私考』を京都帝国大学の松本文三郎教授から賞賛されて、叡山学院講師を務めた優秀な学僧でした。

師は我々に、願海大行満、大椙覺寶大行満、正井観順大行満の三人の行者の話をしたうえで、こういう偉いお坊さまになるように努力するんだよとおっしゃいました。

勉強に励み学僧の伝統が続く願いを込めて、長谷忍田、池田長田の「田」の字をつけていただいたのです。「光田」の光は登叡前まで私を育ててくれた見玉不動住職の兄・中澤弘光の光です。師の解説を聞いて、小僧ながら一生懸命学ばなければならないという覚悟でした。自分の無知を自覚して生涯学び続けなければと日々思っています。

余談ですが、お恥ずかしいことに、私は学校の成績があまり良くなくて、おまえはいつも右総代の右だと叱られました。私達の数学の先生だった森川宏映大僧正（第二百五十七世天台座主）が師にぼやいておりました。

大師匠の能化さん・叡南覺誠探題大僧正からは、「おまえらの田は学僧の田でなく、酔っ払いのぐでんの田だ。長谷忍田師は大学者だけど大酒飲みだったから」と言われて笑われておりました。

葉上照澄先生の薫陶

山田　祖賢大和尚の義兄弟・葉上照澄大行満の薫陶も受けられたそうですね。

村上長腸　葉上照澄先生は岡山の元恩寺に生まれまて、旧制六高を首席で卒業され東京帝国大学でドイツ哲学を学び、大正大学教授を務めていました。

葉上先生は菊池寛の小説『心の日月』のモデルになった奥様に先立たれた時、三日間お経をあげてくれた教え子たちに感銘して信仰に目覚めたそうです。太平洋戦争勃発を機に大学教授を退き、松井石根大将が発願して熱海に建立した興亜観音に書写経をお納めして岡山に帰郷、六校の生徒相手に塾を開き、『山陽新聞』の論説委員を務めます。

葉上先生は敗戦後記者として、ミズーリ号にて行われた降伏文書調印式を取材し、マッカーサー最高司令官の「日本人の精神年齢は十二歳」発言に衝撃を受けました。

後年私は『新生日本外交百年史』（外務省監修、高田元三郎氏と山田米吉氏が企画・刊行）に載っていたミズーリ号の写真を見た時に葉上先生の言葉を思い出しましたね。

葉上先生は、大学の卒論に書いたフィヒテがゲルマン民族の自覚を促し、教育により国を再興したことを思い出し、日本再興のために若い人の教育の立て直しをしないといけない、そのため自らが学びなおさなければならないと考え、お母様によって以前義兄弟の約束を結んでいた師の元での修行を決意されて比叡山へ登ったのです。

昭和二十一年（一九四六）、葉上先生は戦時中から千日回峰行をしていた師の満行の年に無動寺にこもり、師の元で千日回峰行を満行し大行満となりました。

葉上先生は回峰行の三百日を終えた昭和二十四年（一九四九）十月から弁天堂の輪番になり、翌年から比叡山高校の校長に就かれました。

当時私は比叡山高校の生徒でした。学校では小堀光詮先生（三千院門跡第六十一世門主）や武覚円先生の授業を受けていました。校長の葉上先生は夜中二時から早朝は回峰行者、朝八時になると白装束にわらじを履いた行者姿のまま学校の講堂に現れて、学生と共に般若心経を読み、訓示して執務をとると、その後無動寺坂を登って弁天堂に戻り輪番を務められました。必死に修行をしている様子が滲(にじ)み出ている回峰行者の姿のまま葉上先生が学校に現れた時、私はそのお姿に感動しましたね。

回峰行は百日、二百日は一人でやりますが、三百日になってくるとお伴の小僧がいないとなかなか出来ないのです。葉上先生はその頃弁天堂の輪番もしていましたから、小僧がいないので「光田ちょっと行ってこい」と師から言われまして、それから二年お手伝いしました。朝の食事から夜の食事まで小僧が全て面倒を見ることになります。

私がある時に水菜を焚いて出したら、葉上先生が水菜を食べながら突然ポロポロと涙を流し始め、「これは春子が好きでね」とポツリとおっしゃておりました。

葉上先生は菊池寛が『心の月日』という小説にしたくらいの大恋愛をされた方ですから、若くして亡くなられた奥様の忘れられない思い出があるのだなと思い、小僧の身ながら葉上先生のお姿を眺めていたことがあります。

普段は気さくな先生で、弁天堂庫裡の屋根に登り二人で屋根を掃除していると前を通る信者さんに声をかけるのです。葉上先生は英語、フランス語、ドイツ語も堪能でしたので、外国人が通ると外国語で声をかけていました。小僧の私は境内の掃除も一緒にして過ごさせていただき、楽しかったです。

葉上先生が輪番の頃に、「光田、本当に不思議なことに、回峰行で法華経第五巻の薬草諭品を読んでいる頃に、必ず雨が降って大地を潤してくれるのだよ」とおっしゃていたことも忘れることが出来ませんね。葉上先生は法華経を唱えながら回峰行をしていたのです。

薬草諭品とは、雲が覆ってきて雨が一斉に降ると、雨はどんな大木へも、道端の花へもわけへだてなく潤いを与えます。けれどもそれを受ける側からすると、大木は大木の、小さな花は小さな花なりの受け方をして、そこには自ずと差がある。一つの真理を説くにも、大木には大木に合わせて、草には草に合わせるように、様々な人の心や能力に合わせて、様々な方便で導くという意味です。葉上先生はこのように小僧の私にさりげなく法華経を学ばせていたのです。

葉上先生は後に、野球・南海ホークスの野村克也監督に「女をとるか、野球をとるか」と説教した比叡山の阿闍梨さまとして話題になりました。

昭和六十二年（一九八七）、比叡山開創千二百年記念で「世界平和の祈り」が開催されたのは葉上先生が永年世界中を飛び回って、宗教の違いを超えて世界平和を祈って呼びかけた働きの賜物です。平成二年（一九九〇）にイスラム教諸国の宗教家を招いて「ムルタカ比叡山会議」を開いたのも葉上先生の長年の国際交流の実績でしたね。

これら葉上先生の国際交流の実績が「世界宗教サミット」の土台となったのです。

錚々たる同門弟子

山田　一緒に修行した同門の兄弟弟子の方も濃厚な思い出があると思います。

村上長臈　多くの同門弟子（小僧）たちと寝食を共にして修行しました。すぐ上の小僧頭を務めていたのが玉照院住職で「赤山の御前さま」と言われた叡南覺照大行満、毘沙門堂門跡第六十一世門主の叡南覺範探題大僧正です。他に小板橋慈潤、和田英善、梅田覚真、福吉覚明、小鴨覚禅、坂本覚裕、鈴木正徳、山崎覚憧、井上尊靇、福田徳衍、中野英賢（十二年籠山行）、小林栄茂（大行満）、光永澄道（大行満）、瀧口宥誠（善光寺大勧進貫主）の諸師、数えたら切りがありませんが、みんな一緒でした。

共に小僧生活をした公家の元伯爵・勧修寺信忍師とは一緒の炊事当番でした。師が千日回峰行を満行時、大行満のみに認められる京都御所の土足参内・玉体加持の復活に尽力、後に自らも大行満になられました。勧修寺家出身の皇后陛下は六人もいます。

位や年齢に関係なく先にお坊さんになった人が上席になりますので、私は歳下で若かったですが上の方でした。私より年上ですが後に入門した方には京都大学で学んだ三千院門跡第六十二世門主の堀澤祖門探題大僧正（十二年籠山行）、曼珠院門跡第四十二世門主の藤光賢探題大僧正がいます。みな頭の良い方でした。

　でも、師は頭の良い弟子よりも、頭の悪い弟子を可愛がったかな。私が勝手に思っているのかもしれませんが、食べ物など何もなかった時代に僻（ひが）まないで育てられたのが何より私たちの財産だと思うし、師の指導方針だったと思います。

　住職以外の道で活躍されたのが、朝日新聞で写真部長や司馬遼太郎の『街道をゆく』を担当した福田徳衍師、師の信者から弟子になった四条真流料理家元の獅子倉祖憲師がいます。獅子倉師は戦中の食糧や国民の食事事情を東条英機に助言した方で、今日の叡山の精進料理のメニューは獅子倉さんが考案したものが多くあります。

　兄弟子は厳しかったけど指導は具体的でした。小僧になりたての時に部屋の掃除がうまく出来なかった。兄弟子の覺範大僧正が「一度だけやってみせるからよく見ておけ。いいか、畳の目はこうやって掃くのだ」と言って、箒（ほうき）を持って目の前で実演され、山本五十六の「やってみて、言って聞かせて、させてみせ」の言葉のように、私に「よし、やってみろ」と教えた通りやらせました。ケーブル中堂駅から無動寺明王堂、弁天堂へと約八丁（８７２メートル72）ある参道を箒で目を立て掃くと、それは綺麗でした。信者さんがこの道は綺麗に掃除していると言われた時は正直嬉しかったですね。

昭和三十五年（一九六〇）、私は百日回峰行を行いました。私の行を推薦して後押しをしていただいたのは葉上先生です。千日回峰行最後の京都大回りの大変な時期だった覺照御前さまが私の行を最初から最後まで全部面倒をみていただいたのです。

この時の葉上先生と覺照御前さまから受けた恩情を生涯忘れることが出来ません。

その後は葉上先生の弟子である宮本一乗師、覺照御前さまの弟子の叡南俊照師と上原行照師、俊照師の弟子である叡南浩元師が千日回峰行を満行しました。

今上天皇陛下が浩宮徳仁親王殿下時代に比叡山を行啓された時、延暦寺執行だった師がご案内しました。この時の浩宮徳仁親王殿下と師、のちに大行満となって叡南を継承した修行時代の叡南俊照師の三人が写った写真が律院にございます。

覺照御前さまの弟子には二人の大行満の他に、十二年籠山行を満行した高川慈照師、善光寺大勧進第百四世貫主の栢木寛照師がおります。

堀澤祖門門主の弟子では宮本祖豊師が十二年籠山行を満行、光永澄道大行満の弟子から光永覚道師と、覚道師の弟子の光永圓道師が千日回峰行を満行されました。

震え上がるような行の厳しさ

山田　入門された頃、祖賢大和尚は千日回峰行の最中でしたが、お弟子さんの目から見て印象的なことはございましたか？

村上長臈　行の厳しさを学びましたね。私自身、「田」の字をいただいた三人で加行をしている最中に叱られた忘れられない思い出があります。

福井地震（昭和二十三年（一九四八）六月二十八日）が起きた夕方、三人で加行をしている最中に地震が起きてお堂が揺れました。福井で震度6の地震でした。思わず「いまお堂が揺れたね」と私語をしてしまった時、たまたま師が前を通りました。

師は我々の様子を見た途端「すぐ下がれ！」と言いました。三人で加行を途中にして下がったら、「辞めろ、加行を辞めて山を下がれ、家へ帰れ。お前たちには修行する資格もなければ何もない。ただ仏様を信じて拝むのが行であるのに関わらず私語するとは何事だ。それは仏様を侮辱するものだ。そんなものはお坊さんになる資格はない、すぐさま山を下がれ。汽車賃出してやるから」と激怒されたのです。

三人で困りはててひたすら謝りましたが、「お前たちに真面目さがない。お前たちは、仏様の怖さを知らない」と頑(がん)として言うことを聞いていただけなかったのです。するとお勝手にいた久保浄照さんが見るに見かねて出て来られて、「私が悪うございました。この小僧さんたちを助けてやってください」と、全く関係ないのに謝っていただきました。そうしたら師の顔がちょっと緩み、「今日は久保さんに免じて許す」と言っていただきました。そして三人でやり直しの加行を最初から繰り返しました。

夏は前行、十八道、護摩。冬は前行、胎蔵界、金剛界、通常の四十二日にやり直しが加わった五十四日間で四度加行を満行させていただきました。師には震え上がるような厳しさがございました。師自身が籠山、千日回峰行を満行されて、十二年籠山の最中でしたから……。

何より「三昧(ざんまい)」ひとつのことに心を集中し、他のことを思わないこと、そうすると心が静まって安らかになり、自然に正しい考えが浮かび真理を悟ることが出来るというお坊さんの基本を厳しく教えてくれたのですね。そして人々が災害や疫病が流行して不安になる時こそ、お坊さんはひたすら拝めと教えたのです。

しかし、私共小僧の行の時は、小僧に対して、師は「おーい」と我々を呼んだりしない。小僧の私たちが行の時は必ず「お坊さま」として扱い、師は行をやっている私たちより先に絶対に風呂に入らなかった。まず行をやっている小僧を一番風呂に入れて、次に師が入る。今はシャワーとか、風呂も一回入ったら一回ごと流しますが、それを当時、師は小僧の後に入った。行をやる時は仏様だという教育の仕方でした。

師が千日回峰行を満行して百日間の五穀断ちをした時は、そば粉に塩分のないケチャップのようなものをかけて食べていました。そばつゆは塩分があるから駄目なのです。七日間断食断水の火炙り地獄、十萬枚護摩供法要をお手伝い致しましたが、護摩供がたくさんあって、熱がこもる中で火に向かって真剣な声で唱える師の姿は神々しさ、凄みを感じました。あの師の姿を中学の時に目の前で見たことは財産でありこれ以上ないお手本でした。そんな師の下で育てられ、不真面目な行為は絶対許せません。いい加減なことをするなという師の教えを弟子たちに伝えています。

あの滝に向かって唱えよ

山田　祖賢大和尚は一人ひとりの性格を見極めながらご指導をされたと伺っております。祖賢大阿闍梨から村上大僧正に特別なご指導はございましたか。

村上長騰　実は私は「軽い吃音」があったのです。実父はきつい吃音で、どもりの坊さん「ども坊ん」と呼ばれていたと聞きました。私は軽い吃音でしたが、急ぐとうまく喋れなかったのです。私のこの「吃音」に師はこう言ったのです。

「ものを読むことから始めろ。お経はどもらない。それを治すには人の前でゆっくり喋る訓練をすること。まず弁論だ。人前でどもって話せなくならないように、誰も聞いていないところの滝に向かって毎日大声を出して唱えてみろ。あの滝はお不動さんだ、原稿など要らない。お大師さま（伝教大師）の願文があるからあれを読め。若き日のお大師さまが十九歳で比叡山に登る時に自分は将来こういう者になりたい。こういう風、こういうことをすべきだと述べられたのがお大師さまのご精神。この精神を先ず知ること、知るには先ず読むことだ。この願文を訓読（素読）で、あの滝に向かって毎日唱えなさい。光田とにかく拝め、心から拝み、そして祈れ」と言われました。

悠々たる三界は純ら苦にして安きこと無く、擾々たる四生は唯患にして楽からず。牟尼の日久しく隠れて慈尊の月未だ照さず。三災の危きに近づき五濁の深きに没む。加以、風命保ち難く露體消え易し。

草堂、楽み無しと雖も、然も老少白骨を散じ曝し、土室、闇くせましと雖も、而も貴賤魂魄を争い宿す。彼を瞻、己を省るに此の理必定せり。

仙丸未だ服せざれば遊魂留め難く、命通未だ得ざれば死辰何とか定めん。

生ける時善を作さずんば、死する日獄の薪と成らん。

得難くして移り易きは其れ人身なり、発し難くして忘れ易きは斯れ善心なり。

是を以て法皇牟尼は、大海の針、妙高の線を假りて人身の得難きを喩況し、
古賢禹王は一寸の陰、半寸の暇を惜みて一生空しく過ぐるを歎勧せり。

因無くして果を得、是の処有ること無く、善無くして苦を免る、是の処

それから毎日大乗院脇の滝に向かって唱え続けましたね。一回読むのに五分ぐらいかな。これを何回も何回も繰り返し読みます。そのうちに自分のリズムで読めるようになり、すっかり暗唱しました。七十年以上過ぎた今でも暗で唱えられます。暗唱出来た頃には自信が出来たのでしょうね、私の心の中からどもるかもという不安が自然と消え嬉しかったですね。同級生に大乗院の小寺文穎君がいまして、彼は比叡山高校弁論部のリーダーでした。私も弁論部に入れていただいて、同級生で活躍?しました。後ほど弟弟子の中野英賢、桜井正田等を弁論部に入

れました。

小僧になったばかりでしたので分かりませんでしたが、師が私に命じたこの訓練は、法華経の「五種法師」に解かれる修行者のあり方の「受持・読経・誦経・解説・書写」だったということを修行しているうちに気が付きました。師はまだ入門直後で知識がなかった私に、まず実行させて後から法華経の神髄を理解させせようとしたのです。

私は今でも「どもり癖」があるのですが、一寸間（ちょっと）を置いて喋るのです。次の言葉がなかなか出てこない、間を置いて喋っております。あいつはああいう喋り方だって思っているでしょうが、そうやって直しました。ただ最近は、年を取ったせいでどもりでなく耄碌（もうろく）して人様のお名前が出てこないもの忘れが多くなりました。なるべく静かに話すように努力しています。

祖賢大和尚に惹かれた名士たち

山田　祖賢大和尚のところには、多くの信者の方が訪れたと聞いております。

村上長騰　多くの信者さんが師を訪問され、いろいろな人との出会いがありました。大師匠の能化さん・叡南覺誠探題大僧正の故郷・福井県から来たうららのおっさんと呼んでいた信者さんに、炭焼きを教わりました。無動寺谷の山の木を切って炭焼きをした炭が唯一の暖房でした。窯に火を入れて炭になるまで一週間かかります。その折角焼いた炭も、信者が来て欲しそうに言うと、「この炭持っていけ」ってみんなあげちゃうのです。あれ、今日の暖房ができないのにと思いましたが……。「どんなに良いものでも、いただけば自分のもの、これを何方(どなた)にあげようと勝手、欲しい人に差し上げるのも私のものだから」と、そういうふうに物にこだわらない師でしたね。

食糧事情が悪かった時期に、立浪部屋一行が師を頼りに来たことがあります。師は京都大学の狩野君山教授と懇意でしたが、狩野教授の弟子が阿藤伯海先生、阿藤伯海先生の弟子に中央大学学長を務めた高木友之助先生がいました。高木先生のご尊父が、横綱双葉山、羽黒山、大関名寄岩の師匠である立浪親方（元小結緑嶌）という御縁です。

少ししかないお米をご飯にして出したら、十両の能登ノ山関はじめ立浪部屋一行のお相撲さんがみんな食べてしまって、小僧たちが食べるご飯が無くなって、困っていましたね。その時の炊事当番は叡南覺範探題大僧正と私だったのですが、時々覺範探題さんと「あの時は困ったなあ」と思い出話になることがあります。

当時ご飯をお腹いっぱい食べられる日は年に一度だけ、一月二十八日のお不動様の縁日の日でした。みんなで収穫したばかりの江州米のご飯を、おかずは塩昆布だけですがお腹いっぱい食べられることがすごく嬉しかった時代でした。

師の元には著名人が大勢お見えになられました。高名な学者の先生は勿論、当時の政治家、日本経済を動かす大物財界人等数えきれません。

私が印象に残っている信者さんでは、第二次世界大戦終戦時の鈴木貫太郎内閣書記官長として、玉音放送で読まれた終戦詔書を起草した迫水久常さん、戦後の経済復興時に日本銀行総裁、大蔵大臣を歴任した一万田尚登さんがいます。

当時は寿屋という社名だったサントリーの創業者・鳥井信治郎翁も師のもとを訪れた一人でした。師と仲が良い四天王寺の塚原徳応大僧正からの繋がりと聞きます。

サントリーさんの社訓「やってみなはれ」は、もともとは師が鳥井信治郎翁を励ました言葉だと聞いております。戦後の延暦寺の復興はサントリーさんの御支援なくして語りつくせません。その大本の原動力が師と鳥井信治郎翁です。そういう御縁もあり、師の葬儀では佐治敬三サントリー社長が信徒代表で弔辞を読まれました。鳥井信治郎翁の意向で、鳥井家墓地に法華経を入れたいという願いで、明王堂で信者さんと共に、法華経を小さな石に一文字一文字写経して入れましたことを記憶しております。大変信心深い方でしたね。

他にも師の元には様々な方が集まって来ました。みなさん大人物でしたね。そういうお客様に対して、師は必ず自分でお茶を入れました。師は自分が亭主（お茶席でもてなす側を亭主）、運ぶのは小僧でした。

そしてお帰りには必ず玄関までお見送りをしていました。お寺にはお返しするものが何もない。せめてものもてなしだと言うのが師の考えでした。最近で言う「おもてなし」ですね。その師を真似て、私もお客様がお越しになった時は、誰が来ても必ず自分でお茶を入れて差し上げることにしています。又、お客さんのお帰りの時は必ず玄関までお見送りをすることにしています。出迎え三歩、見送り七歩で茶道の極意です。

師は華道の心得もあったようです。仁田さんの得度の時に、お母様がお越しになって玄関で「これは理にかなった生花、綺麗に生けているわね」と感心していました。

生け花の構成は古くから万物の基礎とされてきた「天地人」になぞらえた役技で構成されるのですが、「真」「副」「体」の役技になっていると言っておりました。お客様を迎えるため師が玄関に花を生けていたのです。

因みに師は「道心」の言葉が大好きでした。特に「道心の中に衣食有り」を好んでお書きになりました。皆、学問は勿論(もちろん)、師の優れた人間性というか人間力というか、包容力は人並み以上に優れたものがあったから師の元を訪れたと思われますね。

とにかく師は魅力が滲(にじ)み出ていましたね。イメージ出来るか分からないけど、私の小学校の友である藤ノ木祥晴君が、同郷の田中角栄元首相の秘書兼運転手をしていたご縁で、私は目白の田中邸で角栄さんと何度かお話をする機会がありました。ちょうど師が延暦寺執行の頃、角栄さんは自民党幹事長として活躍されましたが、角栄さんに感じたオーラが師の人を惹きつけるオーラにそっくりで驚いたことがございました。

山田　年表で確認すると、村上長臈修行時は、祖賢大和尚は四十代前半なのですね。

村上長臈　私が弟子になった時、師は眼光鋭い神様か仏様かと申しましたが、僧正級にならなければ紫衣はまだ着ることが出来ませんでした。当時四十五歳を過ぎると権僧正といって紫衣が着られるようなります。（今は四十歳）

師は全てが平等でした。食べるもので僻むとか差別で苦しむとかは一切ありませんでした。

小さいお菓子でも饅頭一つでも五人いればちゃんと五つに分けました。食べるものも着るものも。そういうことを一つ一つ、行動で教えていただきました。

あんなに貧しかったけど小僧が何十人もいても一人として僻む人はいませんでした。小僧同士で喧嘩をすることはあってもお互い僻むというのはなかったのです。別にこれと言って教える訳ではないのですよ。我々は師の行動を見て学んだ。僻むということが一番修行に邪魔する、ものを考える、仕事をするのでも障害になる。妬(ねた)みや僻みはいけない。これは師が無言で教えてくれた教えでした。そして貧しさに耐えられるということも教え込まれました。これがお坊さんの第一歩だと師の背中で教わりました。

嘘をつくな、ごまかすな

山田　祖賢大和尚の指導で強く印象に残ったエピソードを教えていただけますか。

村上長臈　真面目でとても厳しい師でしたが、間違ってもそれは許しました。でも嘘をつくと絶対に許さなかった。その後の教訓になった思い出があります。

掃除中の小僧たちが押し入れの中に師が信者からいただいた蜂蜜を見つけました。戦後の食糧難の時期で大変貴重なものでした。気になった小僧たちは一口舐めたいと、箸を入れて舐めてみたら止まらなくなり、気が付いたら随分減ってしまった。みんな大慌てで蜂蜜の瓶の中に水を入れてかき回して置いてごまかしました。夕方になると蜂蜜と水が分離していて、それが師に見つかりもの凄く叱られました。

でも、その叱られた理由は蜂蜜を舐めて減ってしまったことではないのです。

「舐めてしまったものは仕方がない。正直に謝ればよい。ただ水を入れてごまかそうとしたことは許さん。仏に仕える身がごまかすとは何事だ。嘘をつくな、ごまかすな。人を騙せても仏は騙せない」とものすごく叱られました。火箸で強く叩かれて、頭部が真っ赤にミミズ腫れしました。

叱られた翌朝、師が「腫れているな。どうだ痛かったか」と頭をなでてくれました。師は叱った後にそのようなフォローを必ずしてくださいました。師の温かさをすごく感じましてね。だから僻むことはありませんでした。本当に怒った時は火箸で殴る。火箸は三回までは許す。火箸を四回もらった者は山を下がれ。そういう決まりでした。

師はどんなことよりも人に嘘をつくことを徹底に嫌いました。どんな悪いことをしても子供だから謝れば、その場では叱るけど大目に見て許していただきました。

けれども一度嘘をついたり、ごまかすことをすると許さないのは徹底していました。人は騙せても仏は騙せないという信念。だからお経でも絶対間違えて読ませない。間違えたら最初に戻って読み直しです。若い時はやんちゃもしたというから、ある程度のことは許してくれたのかな。そして叱った後のフォローが必ずありましたね。

師から褒められた記憶は数少ないのでよく覚えています。叡山学院の森観涛先生があまりに厳しいので、生徒たちが森先生の排斥排撃運動を起こしたことがありました。森先生は「天台三大部」を丸暗記していたと言われ、福吉円鈔大僧正（今東光師の師）と並ぶ「天台の碩学」の双璧と言われた先生です。

私は叡山学院で学ぶことは修行の一環だし、厳しさに耐えることが重要だと考えていたので、その排斥排撃運動の参加署名をしませんでした。普段は師に叱られてばかりでしたが、この時は師から褒めていただきました。

もう一つ、私が開壇伝法受法時に遭遇した旧大講堂火災（昭和三十一年（一九五六）十月十一日）のことがあります。前年に法華大会を受講した私は、この年は開壇伝法を受けるため宿院に宿泊していました。伝法を受けるもの全員が宿院に泊まるのです。

私が夜中にトイレに行った時、眼前の窓の外が真っ赤でした。不思議に思い玄関を出ると、大講堂から阿弥陀堂にかけて火柱が見えました。唯事（ただごと）ではないと服を着替え表に出ると大講堂が猛火に包まれ、腰を抜かすほど驚きました。すぐ現場に駆け付けましたが、猛火で近寄り難く立ち止まっていました。大講堂脇の戒壇院に火の粉が移りました。宗祖大師が命がけで建立した大乗仏教の象徴の戒壇院が焼けたら大変と、隣にいた群馬教区の方と埼玉教区の宮崎師と三人で講堂前を横切って戒壇院に向かい、猛火の風圧に吹き飛ばされ、講堂前の大きな杉のところに叩きつけられながら上着を頭から被って伏し歩いて戒壇院前にたどり着きました。僅か一、二分のその長かったこと、火の粉の舞う中、戒壇院に飛び込みました。「本尊様は大丈夫だ」と三人で担ぎ出し、阿弥陀堂の階段を上り、ひとまず広場に安置して、再び戒壇院に引き返して他の仏様を運びました。幸いにも仏様の加護で奇跡的に飛び火、延焼を免れました。この時に、阿弥陀堂勤務の役僧が腰を抜かして動けなくなり、三人で宿直部屋まで運びました。

鎮火した後に本尊様を移動しようとしましたがどうにも動かない。仏様を守らなければという一心による火事場の馬鹿力だったのでしょう。三人とも火傷（やけど）と怪我（けが）をしていたので、翌日坂本のお医者さんに治療してもらいました。

師は覺範大僧正と伊勢方面へ行っていましたが、戻ってきてこの話を耳にすると、「光田よくやった。仏様を運び出してくれて本当にありがとう」と珍しく褒めていただいて、弟子の私に御礼を言って下さりました。

翌月に中山玄秀天台座主大僧正名で、「危険を省みず防火の任にあたり、類焼を最小限に防止した」と書かれた感謝状をいただきました。この感謝状の文章に具体的な行動が記載された背景には、滅多に弟子を褒めることをしない師の口添えがあったようです。

この感謝状と記念にいただいた「ヤシの念珠」は六十五年経った今も大切に大切に保管しております。火災により講堂前の杉の大木はその後枯れ、伐採した跡の根株が残っているはずです。火災からの復興のため、大師匠である叡南覺誠大僧正が延暦寺執行に就任し、大師匠を補佐するため師は延暦寺副執行に就任することになります。

山田　厳しくても非常に包容力があり、要所要所で認めてくれた祖賢大和尚によって、失敗をした時に、逆に救われた話もあるのではないでしょうか。

村上長騰　ある時に、師から坂本の「八百長」という八百屋さんへの支払を命じられたことがあります。確か福田徳衍君か坂本覚裕君のどちらかと一緒でした。十円札等お金が入った封筒を持って学校へ行き、授業終了後に支払に行く予定でした。

学校裏にあるケーブルの坂本駅に向かうと、野球好きの平井駅長さんから、キャッチボールをやらないかと声をかけられました。坂本駅の近くにお土産屋さんが二軒あって、上の方のお土産屋さんの前の木にカバンをぶら下げて、キャッチボールをはじめました。時間が経つのも忘れて夢中でキャッチボールをして、終わってから気が付いた時には入れておいたお金がありません。

これは大変なことをしてしまった。師が苦労した支払のお金を紛失してしまった、真っ青になりました。どうしよう、もうお山にいられない下山だと覚悟をしました。

けれども黙っているわけにいかないので、泣き泣きケーブルに乗って帰りました。

戻ると師から「どうだ、払ってきたか」と声をかけられました。「実は駅長さんたちとキャッチボールをして遊んでいるうちに、誰かにお金を持ってかれてしまい紛失してしまいました。申し訳ございません」と正直に報告しました。

「おう、どっかいっちゃたのか」「はい」「キャッチボールはどの位やっていたのか」と師に聞かれたので、「そんな何時間もやってないです。駅長さんからキャッチボールをしようと声をかけられて、ちょっとの間だと思います」と正直に言いました。

私は遊んでいたこと、お金を紛失した事を師に正直に報告しました。師が工面した金を紛失してもう許してもらえない、山から下ろされると覚悟をして頭を下げていました。

すると、師は「しょうがない」とひとこと言っただけでした。そのひとことで私は救われましたね。こんなに嬉しかったことはありませんでした。二度とこんな失敗をしてはいけないと肝に命じましたね。師は野球が大好きで、比叡山中学時代は一塁手で活躍されたという逸話を聞いております。又、師のお金や物にこだわらない一面を垣間見ましたね。嘘をつくととことん叱りますが、間違いで事を起こした時は許してくれる、人間として言い尽くせない師の温かさを感じました。その師の温かさが多くの信者の心に留まって、師を心から信頼したのだと思います。

師の背中を追いかけた弟子たち

山田　住職になられてから、祖賢大和尚を意識した行動はございますか。

村上長膓　昭和二十五年（一九五〇）頃から、師はお山、坂本の復興を目指して、古いお寺を買いとって復興していきました。師の目覚ましい活躍によって、明治の廃仏毀釈によって荒廃した坂本の街並み、律院、恵光院、蓮華院、止観院、竜珠院等、これらを延暦寺に取り戻したのは師の活躍でした。

その陰には、師の大信者であるサントリー（当時寿屋）創業者・鳥井信治郎翁の支援があったのです。そして、鳥井翁の偉いところは、ただ買って建て直すお金を出してくれただけではなく、師が亡くなった後もそのお寺が維持管理できるように後々のことを考えて維持管理費を残してくれたと聞きます。日本の財界を代表する大経営者である鳥井翁が師の生き様に感銘し、私財を投じて援助後援する思いには感動します。師の戦後の比叡山復興と興隆への思いと足跡は凄く、関わる全ての人に感銘を与えました。

私の好きな言葉に「人生邂逅」があります。私は中国残留孤児の父と言われ、孤児の肉親捜しに尽力された長岳寺（長野県阿智村）の山本慈昭大僧正の意志を引き継いで、伝教大師最澄様の所縁（ゆかり）の地である広拯院（長野県阿智村）の復興に関わった時に昼神温泉をはじめ地元発展に尽力し、信仰深い信者さんだった故山口幸直翁に巡り会いました。

山口翁が地元の信者の方々を牽引されたお陰で信濃比叡広拯院として復興、本堂・庫裏・止観堂・納骨堂・山門・鐘楼堂・護摩堂を建立しました。そして弟弟子である中野英賢師（十二年籠山行）の協力を得て宗祖大師の悲願、六所の宝塔に因み日本の中心である信濃坂に比叡山峰道と同形の伝教大師像と尊像を建立し、法華経一千部と師のミニ銅像を納めて開眼供養しました。山口翁より最後に寄進いただきました山門には、兄弟子・叡南覺範探題大僧正が揮毫された「一隅を照らす」の偏額が掲げられました。

また北嶺大行満が比叡山延暦寺から「不滅の法灯」を信濃比叡迄250キロの距離を徒歩で運ばれて、信濃比叡ご本尊に分灯奉献灯していただきました。

特に広拯院が総本山より「信濃比叡」の呼称をいただけたのは、清原恵光延暦寺執行の御理解、兄弟子の故・小鴨覚禅延暦寺副執行のご尽力によるものです。師の背中を見て育った同門の弟子・仲間と、山口翁はじめ地元信者皆様の協力の賜物です。私の晩年で最高の人たちとの出会いでした。人の出会いは不思議ですね。師和尚が真面目に一生懸命拝めば必ず仏様はみていてくださると教えていただいた通りだと思いました。

師の五十回忌で同門の人たちが参集し、それぞれの思いで師の思い出を語りました。幸い私は今日まで無事息災に生かされていただいております。赤山の覺照御前様をはじめ多くの弟子仲間も浄土・浄界の人となりました。

大親友・都筑玄妙善光寺貫主の相談相手

山田　村上大僧正が比叡山から善光寺へ赴任したのも、祖賢大和尚の命によるものだったと聞いております。どのようなきっかけがあったのでしょうか?

村上長臈　百日回峰行の翌昭和三十六年（一九六一）、師から呼び出されました。「おまえ長野の善光寺へ行け。都筑から善光寺の事情を聞いている。山内で貧しいお寺だそうだが、お前なら何とかなる。貧乏でも修行も勉強も出来る。真面目にやっていれば黙っていてもお寺は復興出来る。都筑を助けてやってくれ」と言われたのです。突然のことでビックリしましたね、山で生涯暮らすつもりでしたから。

当時の善光寺の都筑玄妙貫主は師の同年の大親友で、歴史に残る名著『台門行要抄』を福吉円鈔大僧正と共に書き上げた学僧、当時二十八歳の私には雲上人です。

いま全国の寺社にある「学業成就」の御守は、都筑貫主が「学業成就」という言葉を考案したもので、学業成就の御守は善光寺が発祥なのです。

師の大親友からの相談話となれば、簡単にハイとも、否とも、戸惑い困りました。

この話は都筑貫主と補佐役であった善光寺一山・寿量院住職の小山晃英大僧正から相談された話で、都筑貫主からの相談の席に福田実衍大僧正も同席してまとまった話だと師から聞きました。私は兄が急逝後に見玉不動住職を一時継承していたことがあり、善光寺と見玉不動が距離的に近いことも理由の一つでした。この時に、福田大僧正から善光寺大勧進副住職だった奥田貫昭大僧正と目黒・大円寺の秘話を教えていただきました。

私は夏の暑い日に善光寺へ行き、法類寺の本城院（新潟県十日町市）服部慶円大僧正にも相談し、服部師にも勧められたので善光寺へ行く覚悟を決めました。

昭和三十六年（一九六一）秋に善光寺行きが決まると、大師匠の能化・赤山禅院の叡南覺誠探題大僧正から「お前今度善光寺に行くんだってな」と声をかけられまして、

「お前みたいな者が行く寺は余程貧乏な寺だな、しっかりやらなきゃ駄目だぞ。拝まなきゃ駄目だぞ。いいか、とにかく拝まなきゃ……」と師と同じことを言われましたね。

善光寺に赴任して寺史を学び、中興の祖・等順大僧正の民衆救済に感銘して研究をしたのは

師の影響です。等順大僧正は長野市の坂口家出身で葉室頼熙大納言猶子、比叡山延暦寺竜禅院住持、東叡山寛永寺護国院住職を務め、東叡山の勧学院で松平定信を指導した大学者でした。実の弟が法城律師（西京大仏）、豪海大和尚（日光山法門院）、法順大和尚（東叡山護国院）、甥が薬順大和尚（遠州蓮華寺）頼熙卿の娘・葉室頼子典侍は礼仁親王の生母です。

等順大僧正は善光寺入山翌年発生した浅間山大噴火の被災者救済のため鎌原観音堂（群馬県嬬恋村）にてご回向、天明大飢饉では善光寺の蔵米三千石全てを民衆に施し「生き仏」と崇拝されました。古典落語『お血脈』の由来『融通念仏血脈譜』を授与し、浅間山大噴火三回忌の年の天明五年（一七八五）に本堂で御開帳（居開帳）を初めて執行して、全国回国開帳を実施、十一代将軍徳川家斉公に拝謁され、光格天皇に三帰戒及び十念を授け奉（たてまつ）りました。

そのお姿は松本文三郎京都帝大教授から賞賛された学僧から転じて千日回峰行を満行され、京都御所に於（お）いて玉体加持を修められ、籠山行を終えた後も弟子の育成と叡山復興に尽力した師「興叡心院」の姿と重なります。ともに伝教大師様の教えを深く受け継いだ法華経の「常不軽菩薩」のお姿なのです。等順大僧正は第二百十六世天台座主・公澄王親王から「不軽行院」を承（うけたまわ）り、比叡山横川の阿弥陀ヶ峰不二門近くに眠っております。

師の後を継いだ葉上照澄先生は宮沢賢治に感銘して、延暦寺根本中堂の前に歌碑を建立しましたが、宮沢賢治の『雨にも負けず』もまさに「常不軽菩薩」のお姿なのです。

この宮沢賢治を世に出したのは羽田武嗣郎元衆議院議員（羽田孜元首相の父）です。奇しくも葉上照澄先生の院号は等順大僧正同様に「常不軽行院大行満大先達大僧正」、宮島潤子先生に協力して等順大僧正の研究をされた古宇田亮宣大僧正（善光寺大勧進貫主）、私を善光寺へお導きした福田実衍大僧正、葉上實範大僧正、荻原祐純大僧正などの英才は、葉上照澄先生が大正大学教授時代の教え子にあたります。

師は松代群発地震の影響で昭和四十二年（一九六七）の善光寺御開帳の中止論が浮上した時、都筑貫主と小山晃英師から相談を受けておりました。師と都筑貫主は震災だからこそ拝むべきという考えで、この年の御開帳の開催が決定、大成功しました。

松代群発地震で傷んだ善光寺山門の修復の時は、倉石忠雄農林大臣に陳情すると、大臣自ら文部省へ同行されて今日出海文化庁初代長官に面会しました。師に最初反抗していたのに、師に接するうちに師の崇拝者に転向された今東光師の弟さんです。

おかげさまで善光寺山門は修復されましたが、不思議な巡り合わせでしたね。

松代群発地震後に、「うちにもお客が来るようになりました」と師に報告したら、「そうか、光田よかったな」と大変喜んでおりました。師はそれ以上に私が師の親友である都筑貫主の意を受けて真面目に動いていたことがとても嬉しかったようでした。

昭和四十一年（一九六六）、善光寺の忠霊殿再建について、野村直邦元海軍大将が長野入りして動き出しました。長野商工会議所の小坂武雄会頭（信濃毎日新聞社長）と伊東淑太専務理事、青木一男元蔵相（師の信者・迫水久常氏の元上司）が都筑玄妙貫主、小山晃英善光寺事務局長へ要請され、善光寺一山の局議にかけることになりました。

『善光寺日本忠霊殿史』に書かれていない話ですが、当時は敗戦後二十年で善光寺の財政は厳しい時期でした。没後三十三年経てば忘れてしまう、戦死は家族も悲しむが、曾孫の代には悲しみが三分の一になるのは世の流れ。忠霊殿は善光寺のお荷物になると建設反対論者が多く、小坂武雄会頭と伊東淑太専務理事は会議中に思わず涙ぐみました。

私は師から「僧侶の使命はとにかく仏様を拝んで祈ることだ」と教育されたので、師なら忠霊殿を建設して供養すべきだと考えるはずだと思い、都筑貫主に意向を確認したところ同じ考えでした。この議論時に都筑貫主を心配していた師に何度も報告し、助言を仰ぎました。そして師の助言を受けた小山晃英事務局長が局議、一山会議にて善光寺内の強い反対論を論破して退け、日本忠霊殿の建設が決定したのです。

日本忠霊殿は賀屋興宣元蔵相が発起人となり、全国の商工会議所を通じて資金が集まりました。建設の目途がついた頃、師に報告すると大変喜んでおりました。

戊辰戦争から第二次世界大戦に至るまでにお亡くなりになられた二百四十万余柱の英霊を祀る我が国唯一の仏式による霊廟として、昭和四十五年（一九七〇）四月、落慶開闢（かいびゃく）大法要・落成式が執り行われ、都筑玄妙貫主が棟札を揮毫いたしました。

小山晃英師は天台宗議会を通じて知り合った師に共鳴されて、私の兄弟弟子である光永澄道大行満が無動寺輪番の頃に子息を無動寺に預けて修行させました。

都筑貫主は晩年栃木県の自治医科大学附属病院に入院されて、弟子の池田玄融君と協力し、高速道がない時代に何度も長野から栃木へお見舞いに行きました。

私はその度に師と都筑貫主の強い友情を思い出しておりました。

祖賢大和尚の長野入り

山田　村上長臈が善光寺赴任後、祖賢大和尚が長野入りされたことはございますか？

村上長臈　昭和三十七年（一九六二）三月私の結婚式と、昭和三十八年（一九六三）秋に長女が生まれた後に長野入りされました。結婚が善光寺に来る条件でしたので、私が弟子の中で最初の結婚でした。比叡山では本来結婚できなかったのですが、それ以降は弟子たちも次々結婚しました。師として弟子の結婚式に出たのは初めてでした。

善光寺の天台宗系も明治の後半まで結婚できなかった。宿坊経営は寺の小僧さんや寺の出入り、執事でした。明治の後半頃から非公認のお嫁さんを迎えたようです。長女が誕生した時、師・和尚に初孫だと抱いていただきました。

師がこの時に長野入りしたのはもう一つ理由がありました。師は叡南一門の碩学、天台宗信越教区の津金寺住職・池田長田大僧正を尊敬しておりました。昭和二十八年（一九五三）に新しく宗教法人法が施行され、各寺が五年間の猶予期間内に届出を済まさねばならなかったのです。元々高齢であり、学者として研究に没頭していたため池田大僧正は住職を務めていた津金寺の手続対応をたまたま怠ってしまったのです。

それをライバルだった天台宗の庶務部長が、時の擬講である池田大僧正を解任して僧籍を剥奪削除したのです。天台宗は引っくり返るような大騒ぎでした。

比叡山無動寺善住院住職を務めていた池田長田大僧正は山を去り、天台宗の学問所であった津金寺（長野県立科町）で研究者として過ごされておりました。

師は延暦寺執行に就いてすぐに池田長田大僧正の名誉回復をされたのです。そして師は池田大僧正が遷化された後、延暦寺から借り受けて研究されていた膨大な資料や書籍を叡山文庫に返納するため長野入りされました。その時に善光寺一山の常徳院・伊藤旻之住職が運転するスバル360に、無動寺法曼院住職・中山玄雄探題大僧正と師を乗せて、長野電鉄経営のホテル塵表閣にご案内しました。時の人間国宝（無形文化財）、のち探題大僧正と師のお二方を地獄谷の猿が入る露天風呂にご案内しようとお乗せした車が坂を上がれず立ち往生、当時三十歳の私が車を降りて後ろから車を必死に押しまして、やっと動き宿に到着したのを思い出します。車から降りた二人の大僧正から、「おう、光田ご苦労さん」の一言をいただきました。（笑）

その後、善光寺に来て四年経った昭和四十一年（一九六六）の暮れに、私は自動車の免許を取得して、貧しいながらも車が買えるようになりました。月給一万八千円の時に最初に買った車がトヨタのパブリカ（三十六万円）でした。

馬鹿でしたね。当時はなかなか新車を買えない時代、新車を師和尚（その頃は阿闍梨から大和尚に）さんに見せてあげようと、善光寺から山中を走って八時間、開通二年の名神高速道路に入り、やっと坂本の師・和尚さんの下に到着して挨拶に伺いました。

「ほう？車で来た…お前いつから車引きになった」と言われ、ううん困りましたね。車なんて自慢するものでないよという師・和尚の諭しでしたが、でも半分は新車を買えるようになった私が嬉しかったようで目が笑っておりました。

アポロ月面着陸の日、師弟二人の会話

山田　大師匠である叡南覺誠探題大僧正が遷化された一年二か月後に祖賢大和尚も遷化されました。祖賢大和尚が遷化される前に印象に残っている会話はございますか。

村上長臈　師は昭和四十六年（一九七一）一月四日に遷化されました。半世紀を経ましたが、あの時は本当に悲しかったですね。私は善光寺の正月行事で、大晦日に師にお別れして長野の自坊（善光寺福生院）に帰りました。もう時間の問題だと後ろ髪を引かれる思いで帰坊し

たのです。

　年が明けて三日、危篤状態になった時、兄弟子の叡南覺照御前様が、もう駄目なら自坊で息を取らせせよう。師は行者だ、絶対寺へ帰るまで大丈夫だと断言。お医者さんの反対を押し切って小僧が点滴を持って坂本までお帰りになりました。

床の間に寝かせて間も無く、師は正月四日早朝、弟子たちに見守られて大往生されました。お別れに立ち合い出来なかったことは今も残念に思っております。

　師と二人きりで過ごした時間は昭和四十四年（一九六九）七月二十一日の暑い日が最後でした。私は葛川から坂本に戻ってきて、師に善光寺へ戻る挨拶をするために伺った時に師から声をかけられました。

「丁度いいところへ来た。いまテレビで月に人間が到着（着陸）するというんだよ。実況中継しているから二人で見よう」有名なアポロ11号月面着陸でした。

「それにしても今は偉いもんやなあ、月まで行けるって。月は人類永遠の夢そしてロマンの世界だったのに、月に人間が来るなんて月光菩薩もかぐや姫も驚いているだろうなあ」ちゃめっ気のある師が冗談を言って笑っておりました。

師はその頃体調を崩していて、「この頃痩せちゃって、最近風呂に入ると浮くんだ」と師らしくない弱気な発言をしていました。今でも発見されにくい病気ということですが、師の病名が判明するのは翌年の夏のことです。

生涯いろいろなことを師に教えていただき、貴重な場面を見せていただきました。私にとって師の一挙手一投足すべてが勉強でありお手本でした。

今日でも毎日拝んでいますが、どんな時でも仏様は見てくださる。あの叱りを治す時と同じように。人様のために、自分のためにも拝めと言う師の声を思い出します。

これ以上厳しい師はいなかった。だけどあれほど優しい師もいなかった。

仏様に仕える身として師に育てていただいたことは、私の人生最大の財産であり、本当に幸せだったと感謝しております。

私は叡南祖賢大和尚の弟子である誇りを胸に、叡南祖賢の弟子として恥じないよう常に精進しなければならないと思っております。ありがとうございました。

（聞き手　山田　恭久）

第三章
あなたたちのお師匠さんは本当に立派な方なのですね

曼珠院門跡前門主（第四十二世）
藤　光賢探題大僧正

山田　藤探題は九州から登叡されて、祖賢大和尚の薫陶を受けたと聞いております。著書の『私を磨く法句経』のあとがきにも師僧である祖賢大和尚への思いが語られております。最初に入門の経緯からお話しいただけますか。

藤探題　和尚が遷化されて半世紀が経ちますが、今でも和尚が何気なくおっしゃったことをふと思い出すことがあります。無意識のうちに自分の土台になっております。

私が生まれたのは長崎県の五島列島の北部にある小値賀島です。その島に浄善寺というお寺があり、私はそこで育ちました。

浄善寺は延暦十五年（七九六）に征西将軍として西下された藤ノ近江公によって小値賀島中の祈願寺として膳所城跡に創建されたお寺で、長嗣教伝を開基としました。元弘年間（一三三一～一三三四）平戸藩主松浦源定公が守本尊の観世音菩薩像と銅造鑑を献納され、五穀豊穣、万民安寧の祈願寺となりました。大永元年（一五二一）五島藩主が弁財天像を奉納されて、五島内各地の郷中安全祈願を行っております。

私が高校二年生になった年は、旧制中学から新制の高校に変わった時期でしたが、住職だった父から突然声をかけられました。

「おい、京都へ行くから一緒についてこい」と言われまして同行したのです。どこへ行くかも聞いていなかったのですが、京都に到着したら、京都の市内を通り越して比叡山の無動寺に到着しました。その時に祖賢和尚に初めて拝謁したのです。

和尚と初めてお会いした時、怖いというか、いわゆる威厳を感じました。同時に話をすると明るくてとても親しみやすい、すっと引き込まれてしまう優しさを感じたことを今でも覚えております。

和尚の前で父から「今日からお前はここの小僧として修行する」と言われまして、そのまま無動寺で生活することになりました。

私は幼児の時からお寺で育ちましたから、お寺での生活自体は抵抗がなかったのですが、比叡山へ行くことは何も聞いていなかったから驚きましたね。和尚とのご縁のきっかけは正直分からないのですが、おそらく父が和尚に頼み込んだのでしょうね。

当時明王堂には十二歳から二十歳くらいまで二十人ほどの小僧がいました。そこで和尚、兄弟弟子と共に生活する日々が始まりました。正直申しまして私は高邁な志を持って和尚の弟子になったわけではございませんし、師僧となる叡南祖賢という方がどれほど立派な大和尚か全く知識がない状態で和尚の指導を受けたわけです。

今思えば、偉大な和尚と知らなかったからいろいろ質問することが出来た、それが良かったのかもしれないと思うことがあります。前もって和尚のことを詳しく知っていたら必要以上に緊張して話しかけられなくなったかもしれない。逆に先入観がないままで懐の深い和尚の教えを吸収できたかなと思います。

私は四月に比叡山高校二年生に編入しました。和尚から書類を持って比叡山高校の武覚円幹事のところに行けと言われまして学校に行き武覚円先生にお会いしますと、話は聞いていると言われました。

武覚円先生から君は二年一組だと言われたので一学年に何組あるのかなと思っていたら一組しかありませんでした。その日から授業を受けました。担任は矢田部四郎先生でした。同じクラス四十七人のうち六人が和尚の弟子でした。前後の学年にも和尚の弟子が多かったですね。同級生では中野英賢、福吉覚明、川口一如と私が明王堂から通い、小林栄海、秦良淳が弁天堂にいて、みんな無動寺にいました。

私の学年下には小鴨覚禅、坂本覚裕、津島仁田、山崎覚幢、東海林玄雄、桜井正田、菅野最

純といった方が通っていました。私の上級で比叡山高校から叡山学院や大学に進んだのが井深観譲、村上光田、木下忍海、小林隆影、小寺文潁といった方々です。

これらの兄弟弟子が無動寺に住み、中学、高校、叡山学院に通う弟子たちみんなで朝一番のケーブルに乗って学校へ通っていたのです。

山田　兄弟弟子と共に学んだ比叡山高校の先生たちとも忘れられない思い出を教えていただけますか。

藤探題　当時の比叡山高校の校長先生は葉上照澄先生で回峰行の五百日目でした。天台座主を務められた森川宏映大僧正が私たちの数学の先生で、京都大学を出られたばかりでしたが森川先生の授業が本当に難しかった。森川先生が当時百日回峰行をなさっておられまして、回峰行の間はまだ京都大学の学生でお医者さんになられた森川先生の弟さん（邦造さん）が代わりに数学の授業をなされました。

森川先生は回峰行が終わって二学期から授業に戻ってこられ、二学期か三学期の数学の定期試験の時は、先生が自分で試験問題を作って監督をしたのです。教室の中を回っていて私の席の側に来た時、問題の意味が分からないところがあって、「先生これっ」て指を指しました。

要は教えてくださいということなのですが、先生は「吾が宗は自力本願じゃ」と言って去って行ったのをよく覚えています。

森川先生は同じ無動寺で玉照院から回峰行に出られていて、明王堂で私たちと一緒に食事されていました。和尚の薫陶を受けてのちに秘書を務められたから、無動寺に戻れば親しく、一門として仲間意識は強いのですけど、学問に関しては本当に厳しい先生でした。小僧仲間もみな森川先生の数学の授業に苦しんでおりました。

山田　森川座主の数学の授業が厳しかったことは他の方も証言されておりました。それ以上に祖賢大和尚の厳しい指導の思い出を教えていただけますか。

藤探題　とにかくお坊様として嘘をついてはいけない。ごまかしてはならないということは徹底して厳しかったですね。やんちゃをして叱られて咎められることはありましたが、嘘をついたことに関しては非常に厳しかったですね。嘘をついたらどうなるかと説いて叱っていました。

後になって気づきましたが、和尚は我々に対して「お坊様の卵」と言ったのです。「お坊さん」とか「坊主」とは一切言わない。必ず「様」を付けていました。仏様に仕える「お坊様」

が嘘をつきごまかすことは絶対に許されないということを徹底して教えられました。執行として講演された時も「お坊様の卵」だと強調されましたね。

だから行は非常に厳しかった。今でも印象に残っているのは、お経は何気なく読むものではない。お経には一文字一文字が仏様で深い意味が込められて、いろいろな仏様が登場する。その仏様を観相しながらお経を唱えなさい。私は以来七十年以上その教えを守り、毎朝仏様の尊像を思い浮かべることを忘れずに念仏を唱えております。無動寺で何か行事があった時に、若い小僧がいる部屋に和尚が真ん中に座ってお話をされた時に、それぞれの檀によって拝む仏様が違う。必ず観相して、その仏様の姿を思い浮かべて拝みなさいとその時も強調されていましたね。和尚のそのお言葉がずっと私の気持ちの中にあります。

律院に和尚の尊像がありますが、その下に和尚の業績が書かれております。

千日回峰行の実績があまりにも有名ですが、和尚はもともと学者で大論文を書かれた方です。その論文を玉照院で書いたと聞きました。もし学者としての道をそのまま進んでいたら、お経の一文字一文字の意味をどう解説されたかと思いますね。

和尚について凄いなと思うことに「来る人は拒まず」ということがあります。

私が和尚のところにいた時に、ある不良の中学生を預かったことがありました。戦後の京都や大津にはいろいろな人がいて、荒れた人も多かったのです。鑑別所に入ることになったのですが、その子の親が係官に泣きついたそうで、叡南祖賢和尚が預かってくれるならばということで鑑別所入りを免除されたそうです。

でも和尚はその人にどんな前歴があったとしても、自分が預かった以上は絶対に差別をせず、他の弟子と平等に扱っていました。

その鑑別所行きを免れた子が来た時に、和尚が「光賢、玉照院で一緒に住んで世話をしろ」と命じられました。

当時は配給制だから移動証明を役所に申請しなければならなかったのです。そこで私は初めて知ったのですが、彼は外国籍だったので申請が複雑なため、役所ですごく時間がかかったのを記憶しております。

彼は得度して「仁道」と名付けられました。半年以上一緒に暮らしました。和尚のところに来るまではものすごく荒れていたそうですが、根は素直でいい子でした。

酷く暴れた過去を持ち、国が違っていても和尚は我々と全く公平に扱いました。

彼にどんな前歴があろうと、自分が仏様の子として育てる、絶対に差別をしないという信念はすごいものがございました。

和尚は小僧をどんどん引き受けていました。あの頃は戦災孤児もいたし、ジャワ島から引き上げてきた孤児もいたし、まだ戦後の混乱の中でしたが、どんな人でも手を差し伸べた度量は凄いなと思い出します。

私は大学に進むため東京へ行った後、仁道は山を下りてその後の行方は分からないままです。私にとっては兄弟弟子との思い出と共に忘れられない叡山の思い出です。

山田　藤探題は大学を卒業された後に九州に戻られたそうですね。

藤探題　大学の入学式の翌日、父が遷化したこともあり、和尚に今後どうしようかと相談して、和尚から一度九州に帰ったらと指示されました。

実はご縁があり私の長兄である藤盛光が金乗院（佐賀県吉野ケ里町）の住職をしていたのですが、昭和十九年（一九四四）に海軍に召集されまして、翌年一月二十八日に戦死しまして、父・藤盛澄が金乗院を引き継いだのです。父は金乗院の住職として、巡番の大法要を執行するのが自分の務めと考えまして、昭和二十六年（一九五一）四月、法華・常行の大法会を三日間執行しました。その翌年昭和二十七年（一九五二）に父は遷化しました。私は大正大学に入ったばかりの時でした。

金乗院は寛永九年（一六三二）、肥前佐賀藩主の請願によりまして武運長久、藩内と領民の安寧、子孫繁栄祈祷の祈願道場でした。金乗院の開山である玄純大和尚が藩主直願の法華経萬部祈祷法令年次例祭として執行されるようになったお寺です。肥前佐賀藩の藩祖である鍋島直茂公、藩主勝茂公が開山玄純大和尚を尊崇されたので明治維新までは肥前佐賀藩主鍋島家直願の祈願寺でした。

私は九州に戻っても和尚に会う機会を作るため、何かあれば比叡山へ向かい和尚に面会しました。とにかく和尚にお会いしたかったのです。そして私は図々しくも多忙の和尚にお願いしまして九州にお越しいただいたのです。

山田　祖賢大和尚は佐賀のお寺にも来られたのですか？

藤探題　昭和四十三年（一九六八）だったと思います。長崎小値賀島の浄善寺、佐賀吉野ケ里の金乗院の両方で大法要を御親修いただきました。

和尚は両方のお寺に五日間いらっしゃいました。当時の和尚は延暦寺執行として多忙の時期でしたがよくお越しいただいたと思います。歴代住職の法要、採燈護摩供の修法をいただき、北嶺千日回峰行者として信者さん一人ひとりにお加持お数珠を授けていただきました。大変稀有なことですから、両寺の信者さんは感激しておりました。

金乗院はこの和尚による採燈護摩供を御縁に、翌年から採燈護摩供を年中行事としました。本当にありがたいことです。

実は私のところにお越しになった時に書をお願いしたのですが、以前にも大学を卒業して九州に帰る時に書をお願いしたのです。そうしたら俺の書は高いけどお前は払えるのかと言われましてね。和尚は書をめったにお書きにならなかったのです。

和尚は明王堂を下がる時に、玄関まで行かれてから、ちょっと待ったと和尚が過ごした居間に戻って、かかっていた柱掛、これは上野の東叡山寛永寺の二宮守人先生が書かれた柱掛でしたが、和尚はそれを外されました。

そして和尚はその柱掛の裏に「道心中有衣食、大行満祖賢」と書かれたのです。

この柱掛は後年和尚の三十三回忌の折、赤山さんと律院さんが複写して弟子たちに配られました。私はそのことを知っていましたので、和尚が自分のお寺に来る前に、家具屋さんの信者さんにお願いして柱掛を二本作っておいたのです。

和尚がお越しになられて、書院で一服されて一休みされた後に、私は柱掛二本と硯を持っていきまして、和尚にここにお願いしますとお願いしたのです。

「おまえはしょうがないやつだな、ここに来てそんなことをさせるのか、おまえは人使いが荒いぞ」と言いながら二本書いていただいたのです。

一本の柱掛には「道心　北嶺大行満祖賢」、もう一本の柱掛に「如是空　北嶺大行満祖賢」と書いていただきました。和尚は書き終わって筆を置いて、「これはあとで大工さんに頼んで削っておけよ」と言いながら二本の柱掛を私に渡していただきました。これは私の寺宝として大事にしております。

ある小僧仲間に柱掛二本を和尚に書いていただいたと話したら、お前はよっぽど和尚に気に入られているんだなと冷やかされたというか顰蹙(ひんしゅく)を買いまして、それから和尚に柱掛を書いていただいたことを言わないことにしました。

よっぽど気に入られたんだと感心していたのは亡くなりましたけど弟弟子で大行満になった光永澄道です。他の兄弟弟子たちには黙っていることにしました。

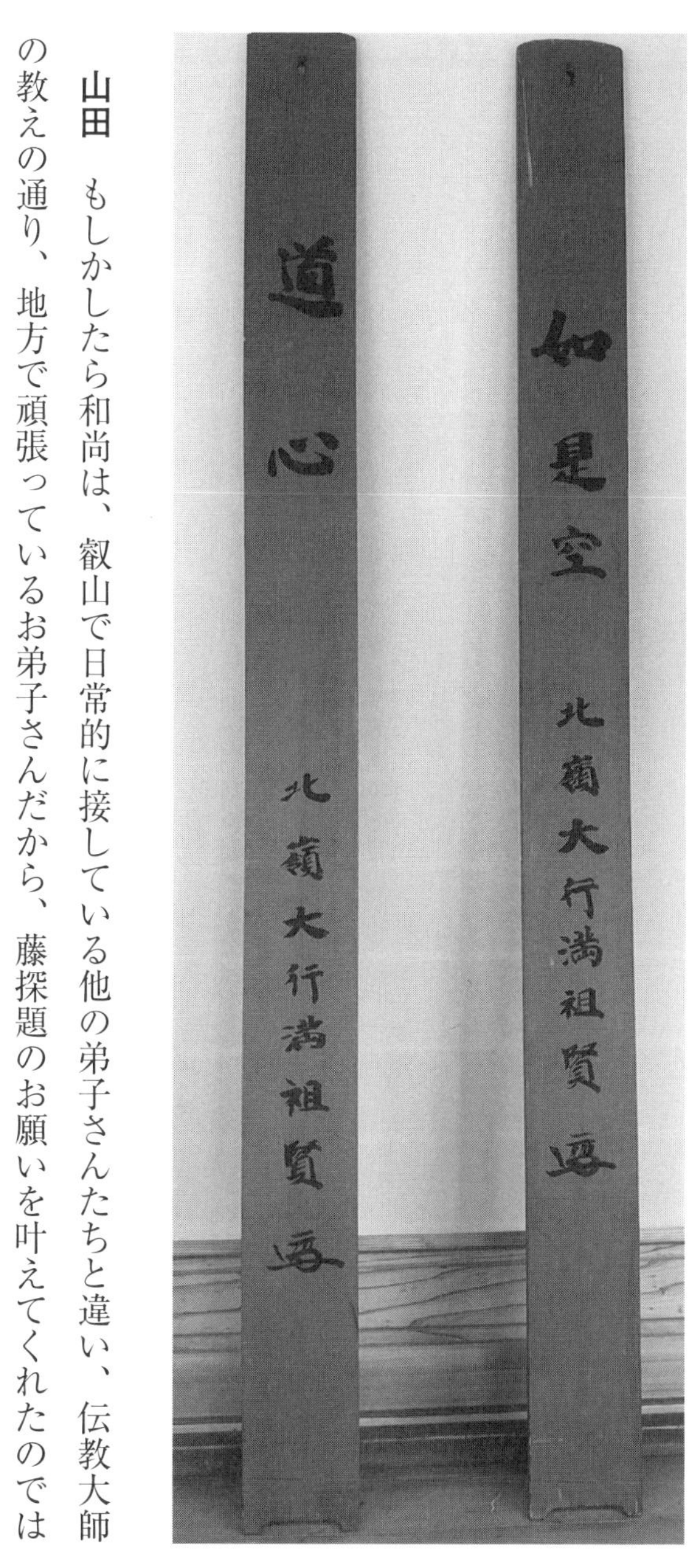

山田　もしかしたら和尚は、叡山で日常的に接している他の弟子さんたちと違い、伝教大師の教えの通り、地方で頑張っているお弟子さんだから、藤探題のお願いを叶えてくれたのではないでしょうか。

藤探題　言われてみればそうかもしれませんね。和尚は「光田が善光寺で頑張ってくれているんだよ。長野という土地は大変なところなんだよ。そんな中で凄く頑張っているんだよ」と高く評価されておりました。本人がいない場所で、私の前で三回ほど光田さんを褒めておりました。

だから和尚は叡山を離れて地方で頑張っている弟子たちにも常に心を配って見守っていただけたと思いますね。本当にありがたいことです。

とにかく和尚は人材養成が主眼でしたから。人を作らなければならないと言うのが和尚の考えでした。三年籠山の制度を作ったのも和尚ですし、和尚が三年籠山の制度を作った時にたまたま私が側にいたのです。和尚は私のような小僧と一緒にこたつに足を入れていろいろ話をしていただいた方ですが、小僧たちとこたつにあたりながら、「叡山に百人の立派なお坊様を作らなければならぬ。そうすれば大変なお山になる、だから百人を目指して教育しなければならない」と強調しておりました。

私は三年籠山の第一期生と回峰行が一緒だったのですが、回峰行をお願いして何度も和尚を訪ねると、その度に和尚はこれから叡山のお坊様を百人育てなければならないとおっしゃられて凄いなと思っておりました。

改めて和尚の弟子として、和尚の名を汚したらいかんと本当に今でも真から思っております。

和尚は学者でありますから、「拝む時は一生懸命拝め、一生懸命仏様にお仕えせよ」と申していたことを思い出します。学問と行の観佛観想両方をお持ちになっていた正に教観二門、解行双修の大導師が和尚だと思います。護摩の修法の時にしても、弁天供、聖天供にしても、密教のいわゆる行者と本尊様が一体になっているのが叡南祖賢和尚だと思います。

山田　祖賢大和尚がいない場所で、大和尚の教えに気づかれた事はございますか。

藤探題　私と同じ佐賀県から来て、私より一年遅れて小僧になった川口一如という同級生がいたのです。比叡山高校を卒業した後に、同じ九州の彼と一緒に京都駅から夜行列車に乗って九州へ帰ったことがございました。

昔の列車なので四人がけの向かい席で、私たちの前の席に中年の男性が乗り合わせまして、一晩私たちの前に座わっておりました。

夜が明けてもうすぐ九州だという時に、その向かいの席の方が私たちに話しかけてきたのです。

「あなたたちのお師匠さんは本当に立派な方なのですね」

二人ともキョトンとしまして、一体何ですかと聞いたのです。

「あなたたちは一晩ずっと寝ずに、比叡山とお師匠さんの話をされて、おやじがおやじがと何度も言っておりました。私はお二人の話をずっと聞いていました。

お話しを聞いていて私が心から感心したのは、あなたたちは唯の一度もお師匠さんの悪口を言わなかった。普通なら大概あの時はこんな怒られた、あのくそ親父などの言葉が出てくるものなのだけど、あなたたちからお師匠さんの悪口が一切出てこなかった。二人とも本当にお師匠さんを尊敬しているのが伝わってきて、本当に偉いお師匠さんに育てられたのだなと感心していたのです」と言われたのです。

私も高校を卒業したばかりで若かったからその時は気づきませんでしたが、よく考えてみると兄弟弟子の中で和尚の悪口を聞いたことがないと気がついたのです。

夜行列車の中ですから、おそらくその方は眠りたかった時に、若い小僧二人が夜中ずっと話していてうるさかったと思います。

でもその方は私たち二人の話を素直に聞いていて、感想を話してくれたことは凄い方だなと思いましたし、自分たちは叡南祖賢という本当に素晴らしい師匠の指導を受けることが出来たことは幸せなことだったのだと気づかせていただいた、感謝の気持ちが湧き上がってきました。

七十年以上経ちましたが、私にとって今も宝物である夜行列車の思い出です。私はあの夜行列車の中で叡南祖賢の弟子として恥ずかしくないよう精進しなくてはならないと思いましたし、九十になった今も自分は叡南祖賢の弟子として和尚の名に傷をつけるようなことを絶対にしてはいけないと思いながら拝み続けております。

（聞き手　山田　修康）

第四章
和尚は一生涯、伝教大師を追いかけていた

三千院門跡前門主（第六十二世）
堀澤祖門探題大僧正

山田　村上長臈からは、小僧として叡南祖賢大和尚に入門して、十代前半からの人間形成に関する大きな影響をお聞きしております。堀澤門主は、京都大学を中退されて大和尚に入門されました。年齢的にも感じ方が違うでしょうし、京都大学を中退されて仏の道に進んだ過程には当然異なった経験があったと思います。

叡南祖賢大和尚が亡くなった時は、堀澤門主もまだ四十代の頃でした。もうすぐ半世紀が経過しますが、師が亡くなった年齢を超えた今になって祖賢大和尚の教えについて思うことがあるのではないかと考え、お話をお聞きしたいと考えております。

本日は堀澤門主と同門である善光寺長臈の村上光田大僧正にもご同席いただき、お話しをお伺いさせていただければと思います。

村上長臈　いま、話があったように、私と和尚（叡南祖賢大阿闍梨）との出会いが中学の頃、言うなれば子どもの頃の出会いでしたが、お門主は旧制高校を卒業して大学に入った後、大人になってからの出会いでした。

そういう意味で和尚との出会いの感じ方が違うだろうと思います。弟子の数だけそれぞれの考え方、思い出があると思いますので、お門主が当時の和尚に対して感じたこと、和尚によって今日があることを聴ければと思います。

今は、探題さん（叡南覺範毘沙門堂門跡門主）も擬講さん（堀澤祖門門主）も已講さん（藤光賢曼殊院門跡門主）と皆和尚の弟子が揃って、いよいよ今年（二〇一九）十月には法華大会です。令和元年という年に三人そろって和尚の弟子がやるなんてことは今後もないだろうし、そういう意味では同門の一員として誇りに思っています。時代を過ぎたことをちょっとここで和尚のことを振り返りたいなと思いました。（山田追記＝注・取材した二〇一九年六月時点の法階です）

和尚との出会いと、それ以前の事情

堀澤探題　和尚との出会いは、昭和二十五年（一九五〇）で日本中食べ物がなかった時代で、五月の終わり頃で少し肌寒かったでしたな。

その前に、入門前までのことを話すと、私は昭和四年（一九二九）に新潟県の小千谷（おぢや）というところに生まれ、旧制新潟高校に入りました。私より一学年下は途中で新制大学に移行したから、旧制高等学校で最後まで卒業することができた最後の世代です。旧制高校は、いまの高校三年から大学二年までの三年間で、ちょうど人間が大人に変わっていく時期なんですね。一年生は全寮制でして、全員寮に入るんだけど、そこで寮長の先輩がこう言ったのです。「高等学校というのは、ただ勉強をするところではない。人間を変えるところなんだ。親の元を離れて一本立ちし、これからの人生の荒波を乗り切っていく。それができる人間に生み直すこと、精神的に独立する「再誕」の時期なんだ」と。

私が人生の問題についてまともに話を聞かされたのは、それが最初でした。私は非常に感動して、どうしたら自分を生み直すことができるのかと質問したら、「それは自分でやるんだ、自分で苦労して掴んで、初めて自分のものになるんだ」と突っ放されました。仲間との切磋琢磨が始まったわけですが、高校生だから知識が圧倒的に足りない。そこで三年間、古今東西の古典という古典を無我夢中で読みまくりました。

高校三年間の勉強を通じて、自分の性に合っていると思っていた哲学が何も与えてくれないことを実感したために、自分の進むべき道が分からなくなった。

恩師に相談したら、まず自分の生活を確立してから本当にやりたいことは生涯かけてやればいいと助言されて、昭和二十五年（一九五〇）に京都大学経済学部に進みました。

ところが、大学に入って経済学部の先生方の話を聞いても私の心の琴線に何も響いてこなかった。「再誕」の答えが出ていないのに、「世界経済史」だとか「経済原論」だとかは全くナンセンスに思った。ああこんなところに来るんじゃなかったと、とうとう学校へ行かずに下宿でごろごろしていた。

五月の終わり、私の二十一歳の誕生日が来た時、こんなことでいいのだろうかと本当に目の前が真っ暗になった。学校へは行かん、本は開いていても読む気がしない。それなのに年老いた故郷の両親は私の将来に期待して生活費や学費を送ってくる。そんなことを思っていたら頭の芯が凍ったみたいになって、夜中になっても眠れなかった。

そんな真夜中に不思議なことが起こった。「比叡山」というイメージが頭の中に突然飛び込んできた。自分でもびっくりした。高校生の頃にちょっと仏教書に親しんだことはあったけど、比叡山とか最澄に特別関心を持ったことはなかった。

それなのに何の脈絡もなく、比叡山のイメージが頭に飛び込んできた。そうしたら、頭の奥の凍った芯みたいなものがだんだんと溶けてきた。疲れがドッと出てきて、そのまま倒れるように眠ってしまった。翌朝、目が覚めてもそのイメージははっきり残っていた。「これは比叡山に行かなくちゃいけないかな」と思って、叡山電鉄で八瀬まで行き、そこからケーブルカーで初めて比叡山に登りました。

京大の学生でありながら比叡山に呼ばれるようにして山に来て、道もわからず奥へ奥へと歩いて行った。ちょうど新緑シーズンで、昨夜雨が降ったのだろう、全山が白い霧で包まれていた。奥へ奥へと歩いていたら湿潤な霧や新鮮な緑が肌に触れてか気持ちよくなってきた。長い年月、感性を無視されて干からびていた私の感性の細胞にそれらが染み込んできたのだろう、何年ぶりかで気持ち良さを感じていた。それでいつまでもここに居たいなあと思った。

山に居たいという気持ちがあって、大講堂の入り口で線香を売っていたお爺さんに聞いてみた。

「学生を置いてくれるところはありませんか」と。

最初は「そんなところありません」って断られてね。

そのまま大講堂の中をひと回りして出てきたら、「学生さん」とお爺さんに呼び止められた。「さっきから考えていたんだが、この先に無動寺というところがある。そこの和尚さんは若者が好きだと聞いている。ひょっとしたら泊めてくれるかもしれないから頼んでみたらどうか」と教えてくれた。そこで無動寺への行き方を聞いて下に伸びる道を下って行った。いくら下がっても寺なんか現れず、滋賀県の坂本まで下がってしまうのではと長いこと歩いて無動寺のお堂が見えた。そこにいたのが師となる叡南祖賢和尚。ちょうど千日回峰行を満行なさったばかりの時期で、眼光炯炯（けいがん）としていた。


最初はね、「学生さんか。勉強したいのだろう。勉強のためだったらうちに置く場所はないから駄目だ。お帰りっ！」て、一言で言われた。

あまりにもはっきり言われたからわしも抵抗して。「いや勉強したいわけではないです」と。信者が二、三人おってね。そうかと。信者がおるから後で話聞くから待っておれと。後で呼ばれましてね。

その頃、和尚が初めて天台宗で日本中から若い者集めて「修行院」というのをやっていたわけ。後に天台宗全体に認められて「比叡山行院」として公式の修行機関になったけど、その頃は和尚が個人的にやっていた。二十人ほど全国から集まって来ていた。その若い連中の中に入る形で飯炊きお掃除も手伝うことを条件に加えていただいた。

無動寺谷は回峰行の本場で、毎日明け方になると真っ白な行衣を着た行者が姿を現して、お堂でジャリジャリと念珠を擦りながら拝んでは消えていく情景を見ていた。それが回峰行者さんだと仲間の僧が教えてくれた。若い僧らの研修期間は三か月で、すでに二か月は過ぎていた。一か月ほどすると皆帰っていき、私だけ残った。それからは無動寺の小僧さんと同じ待遇を受けていた。そのうち千日回峰行中の葉上照澄さんがお茶を飲みに来いと言ってくれた。

葉上照澄さんは東京大学を出て大正大学の教授をしていたインテリでね。終戦前に大学の先生を辞めて坊さんになって修行していて、ちょうど千日回峰行の三百日目を行じていた。京大の学生が来ていると聞いて、興味を持ったのでしょう。遊びに来いと言われて何度かお邪魔する間に、いろいろな話を聞かせていただいた。

葉上さんも祖賢和尚と同じように眼光炯炯としていてね。行者というのはやはり侵すべからざる雰囲気を持っていると感じた。行という方法で命がけの修行をするお坊さんを比叡山で初めて見て、こういう修行の道に入れば、「再誕」の問題が解けるかもという気持ちになってきた。

「何のためにそんなに厳しい修行をなさっているのですか」とも聞いた。

「やってみないと分からんわな」とだけ答える。じゃあわしもできるかなって。そういう点では葉上照澄さんが現場にいて私の先達みたいな感じでありがたかった。でも出家するなら和尚の弟子だと決めていましたからね。

ところが和尚はなかなか許してくれないのですよ。

「お前は京大の学生だろう。しかも経済学部の学生だろう。今、日本がどういう時か知っているか。経済的に大変な時なんだ。お前たちが日本を復興させなくてはならないんだぞ。こんなところにいないで早く帰って、勉強しろ」って。追い返された。

しかし、下山する気はなく小僧の仕事していてね、翌朝またお願いに行くと、「まだおったんか、話の分からないやっちゃ」と。そんなこと一週間ほど繰り返しとったな。こっちも引っ込みがつかなかった。今更帰って学生生活に戻ろうなんて考えていなかった。

目の前ではじめて行を見て、これでないと問題は解決しないと思ったからね。とにかく小僧になりたいと言ってもね。和尚がすぐに返事してくれなかった。和尚が親しかった岡山の阿藤伯海先生のところへ手紙書くから話を聞いて来いと。

阿藤先生の家が立派な家でね。生涯独身で狩野君山先生の弟子で、東大出てから京大の狩野先生に就いた人だ。

その阿藤先生のところへ手紙を持って行ったら、「ああ、そうかしばらくいなさい」って。二、三日いたかな。そして手紙を持って帰ってきて、和尚が手紙読んで分かった弟子にしようって。こうなったんだよね。すぐ「弟子にするって」言わなかったのですね。

和尚の許で得度したのは昭和二十五年（一九五〇）九月。祖賢の祖をもらって「祖門」になりました。「祖師の門」という意味だと和尚が教えてくれた。私は大学の学生だったからいろんなこと考えるのでしょう。そんなことを和尚に言うと、「祖門、お前はな、絵を描きすぎる」って言われたな。つまり自分でいろんなこと考えて絵を描くと。「わしの弟子になったのだから、わしに全部任しておけ。勝手に自分で余計なこと考えるな」って、言われた。分りましたと言ってね。

しかし、たった一度だけ絵を描いたことがある。「せっかく比叡山に来て得度したんですから、比叡山で一番オーソドックスな修行があったらそれをしたい」と言ったんです。

師匠が「うーん」ってちょっと考えてね、「あるんや、回峰行でなくてもう一つあるんや、それは十二年籠山行。伝教大師が作られたのだからこれが一番本格的なのだ。お前はやる気があるかね」ってこうなった。

私はなんでも師匠がいいって言ったらやろうと思っていたからね。「では、それをやりましょう」と返事した。

和尚は、「回峰行をやる者はわしの弟子らにいくらでもいる。だけど籠山の方は今人がおらんのや。太野垣善浄（たやがきぜんじょう）さんという人がいてね、籠山の一期（いっき）、十二年終わったのだけど、後を継ぐ人がいなくて、延暦寺が頼んでもう一遍（いっぺん）やってくれというわけで、二期目をもう二、三年もやっているんや」と。それで和尚がその後継者になってくれれば結構だと考えた。

伝教大師の御廟を守る僧を侍真といって、十二年籠山行を行じている人だけが侍真になる資格があり、それが一番本格的だというので師匠も認めてね。それで好相行を経て侍真になるのだけどね。絵を描くなって言われてたった一度絵を描いたのが、伝教大師の側に居るってことになったわけです。

私は籠山行では「止観業（しかんごう）」といって坐禅のコースを選択していたが、残念ながら比叡山では坐禅止観を教えてくれる人が居なかった。それで結局、天台止観のルーツを求める目的でインドへ渡ることになった。

比叡山から三年間の留学期間をもらってインドへ行った。留学という形が取れたのは師である和尚のおかげ。和尚は普通の僧侶とは器量が違った。和尚はその時、延暦寺の執行（しぎょう）を務めていた。執行とは延暦寺の総理大臣。一山の実権を握っていた。生活費に困るだろうからと比叡山での月給を資金にするよう提案してくれた。そのおかげで、インド滞在中も延暦寺から給料をもらうことができた。

私が昭和四十五年（一九七〇）三月にインドから帰ってきた翌年の一月四日に和尚は亡く

なった。インドから帰って挨拶に伺った時、とにかくすごい量の薬、赤・白・黄色といろんな色の薬を手にのせて、「祖門、こうして薬を飲んでいるんじゃ」と言って飲んでいました。その時は元気にしゃべっていましたけれど、和尚の死に目に会うように、インドから帰ってきたようなものだった。和尚からはインドから帰ったら、すぐに居士林で仕事をしてほしいと言われて所長を務めていた。

和尚の死

堀澤探題　これからいよいよ和尚が亡くなる時のことを話さねばならない。和尚が亡くなる時、光田さんはそばにいたかね？

村上長臈　私が駆けつけたときはすでに遅かった。

堀澤探題　昭和四十五年のおそらく十一月かね、入院したのは。

京都府立医大に入院された。最初は動脈瘤ということだった。ところがお腹の中を開いて調べてみたら動脈瘤だけでなく膵臓癌が転移して広がっていてすべて手遅れだと。手術もできないままお腹を閉めて、あとは生命を永らえることを考えるしかないでしょうと。弟子たちが大勢集まって皆心配していた。

私は和尚に特別に許されて、和尚の病室の片隅で、病気平癒のためにひたすら「真言」を唱えていた。和尚は酸素吸入のための小さい蚊帳の中に入れられ、のちには呼吸を楽にするために口の中にガラスの棒をさし込まれて、誰とも話をすることができないような状態にさせられてしまっていた。

一月三日の夜中、ついに決心する時が来た。一番弟子の叡南覺照さんが「どうもおかしい。和尚も坂本に帰りたいとおっしゃっていた。大和尚をこんなところで死なすわけにいかん。喉にガラスの棒を入れているから話ができない」。そこで大声で「和尚さん、坂本に帰りたいでしょう?」と聞くと「うん」と頷く。その時夜だったけれど皆一緒にいましたから。そこは覺照さん偉かったね、「わしの判断で坂本へ連れて帰る」と。主治医はいなかったけれど、担当の医者がそれを認めてくれて早速移動することにした。点滴の器具一式を大型の車に積み込んで和尚を横にして一同も乗り込んだ。

途中、坂で上下することもあったが、和尚はそれにも耐えてくれた。坂本、慈門庵に帰れると知った和尚の顔には生気が蘇えっていた。慈門庵にとうとう着いて座敷に横になった和尚は喜んで、さかんに話をしようとするが、それがよく聞き取れない。葉上さんも覺範さんも皆いてね。いろいろな話をするけれど聞き取れない。大和尚の生命力は常人とは違うとみんな信じていた。ここで精力を使わせないで、まずゆっくり休んでもらおうというのが一致した意見だった。そこで和尚を一人にして裏の洋間で今後のことを相談することになった。

私は和尚の部屋の廊下に坐(すわ)ってひとり真言を唱えていた。しばらく経った時だった。「うーっ」という小さい異様な声を聞いて、すばやく和尚の部屋に入ったが、その時すでに異常な状態だった。私は大声で「和尚さんが大変です」と裏の洋間に呼びかけた。その声を聞いてみんな一斉に走り込んで来た。和尚の最期の瞬間だった。すでに呼吸は絶えていたが、不思議なことに点滴は落ち続けていた。葉上さんの発声で法華経の自我偈が唱え始まり、ローソクと線香が灯された。こうして内弟子たちの悲しみのなかで臨終回向が行われていった。

亡くなったのは一月四日まだ暗い朝五時三十四分だった。

村上長臈　わしは亡くなる時に立ち会えなくてね。善光寺の奉行長で正月の行事のために、十二月三十一日に長野へ帰った。門主が病室で拝んでいたのはよく知っていますよ。

堀澤探題　六十八歳だったからね、まだ若かったね。擬講だったんだよね。

わしが昭和二十五年九月に弟子入りして、亡くなられたのが四十六年一月だから丁度二十年間和尚に弟子としてお使いしたわけ。しかし、十二年は籠山で三年間はインドだからほとんど居ないんだよね、お側に。

村上長朧　いま話を聞いていても中身が濃いよな。直接和尚に仕えた、仕えないという話ではなくて。我々の師弟関係とは異なった中身が濃い師弟関係ですよ。

堀澤探題　前半六年は浄土院で勉強したりできるけど、後半六年はできないから、和尚に後釜を見つけてくれと言った。和尚が中野英賢師を寄越してくれた。彼が好相行終わっていろんなことを教えるのに一年ぐらいかかる。だから浄土院で七年、西塔の釈迦堂へ移って五年間かな。

和尚と直接向き合った時間は短かったけど。大事なことについて和尚と触れあっていますので非常になんていうかな、和尚のリアリティーが強くありますね。

誰も皆言うと思うけれど和尚の人柄の良さね。敵がいなかった。小僧を叱っても叱りっぱなしではないしね。必ず褒めてやってケアしてね。今の若い連中は叱りっぱなしだとそっぽ向いてしまうが。あの頃何人もいたけれど。

前に執行だった小林隆彰師は「自分であることとやろうと思ってどうにもならなくなったときには、和尚だったらどうするだろうか何時も考えるのだよ。和尚がやりそうなことをやってきた」って。山田能裕さんは叡山学園の先生をしている。まあ、和尚と山田恵諦さん（第二百五十三世天台座主）とは考え方が違うけど、息子の能裕さんにも愛情をかけたらしいな。能裕さんがね、和尚にいろいろ教えてもらったって。敵ではないけれど反対側にいる息子までがね、和尚の恩義に感動しているって、こりゃあ大したことだね。叱りっぱなしにせず、後で必ずケアしていた。そういう人情の妙味に溢れた人だったから嫌う人がいない。直弟子でなくても、広範囲で恩義を感じている人がいた。

今東光の話は知ってますかね？

昭和三十一年に大講堂が焼けたことが天台宗内で大問題になってね。マスメディアも厳しく取り上げた。あの頃、天台宗は東と西で政治的に対立していた。

東の方の連中が比叡山を西の連中には任せておけないと。その東の先陣になったのが今東光、あのへんが大挙して押しかけてきた。

和尚が、大講堂焼失後、師の叡南覺誠さんを執行にし、自身は副執行をしていた。今東光が延暦寺の一山僧を総入れ替えしようと意気込んでいたが、結局、和尚が連中をとうとう納得させて帰ってもらった。相手をいつの間にか引き込んでしまうのですね。和尚の偉大な誠実性の力でしょう。

その後ね、和尚は政治の力があるからね、今東光と親しくなるの。参議院議員をやっていた。ところが本来小説家だから、本を書くのに静かなところが欲しいと。和尚がそれで泰門庵を貸した。そこで本書いた。勝新太郎が主役でその寺で色道修行をするとかという内容の映画だそうだが、私は一度も見たことがない。泰門庵という実名を使ったものだから、後年私が住職として入った後でも、わけの分からない団体が案内人に連れられてよく境内に入って来た。そうして案内人が得々と映画（撮影）の状況や説明を始めるのだ。私のことを全く度外視してね。

それから、和尚はまた優れた研究者でもあったんだよね。

村上長臈　亡くなってから和尚の論文（「台密諸流史私考」）が出版されましたね。

堀澤探題　大変なことですよ。行を始める前に学生のときに書いたのだからね。京都帝大の松本文三郎博士がその和尚の論文を読んで、「論文の註釈類さえしっかり書き添えれば、立派に博士論文になる」と言われたそうです。

しかし、行を始めてから和尚は学問のことは私たちに一言も仰っていないね。行者になり切っていたね。

和尚は伝教大師の「道心」ということを非常に大事にされていた。残された書にも多く「道心」と書かれている。伝教大師は「道心ある人を名づけて国宝となす」というお言葉を残されている。道心というのは「悟りを求めてやまざる心」のこと、それを持った人が国宝だと。

その伝教大師の教えを守って、和尚は千日回峰行と同時に十二年籠山行もやられているし、和尚は一生涯、伝教大師を追いかけていたんだね。大師の興された比叡山をどのように守り発展させて行こうかとばかり考えて居られたと思います。

だから戒名も「興叡心院」と名づけられている。私たち弟子たちも和尚の「わが志を述べよ」というお心を受け継がなければならないとしみじみと思いますね。


（聞き手　山田　恭久）

第五章 道心の人・叡南祖賢師

——師の銅像開眼式を迎えて

福田徳郎
（朝日新聞社出版局）

一枚の写真から

昭和六十三年五月十五日、滋賀県、比叡山の山麓、坂本町の里坊。

いつもは人気も少なくひっそりと静まりかえっているはずの一角に、テントが張られ、ハイヤーや車が次々と晴れやかな顔をした客たちを運んでは去っていった。

折からの雨。二十キロほど離れた京都では恒例の三大祭りの一つ、葵祭りが雨天中止になったほどの激しい降りである。

「オヤジがなにかしようという日は必ず雨か、雪、それもどかっと来よる」

叡山が生んだ昭和の傑僧、叡南祖賢師の銅像の開眼式を迎えて、老、熟年の遺弟や指導をうけた僧達が全国からやって来た。

その数、僧俗併せて計百三名。当日は祖賢師がご存命なら八十五歳の誕生日の吉日である。

叡南祖賢、旧姓稲田祖賢、得度前の戸籍謄本によると伊藤賢一、明治三十五年五月十五日、愛知県丹羽郡千秋村字小山（現一宮市千秋町）の農家の次男坊として生まれた。

四歳の時、隣村の天台宗の龍光寺へ養子にもらわれ、七歳で得度。十四歳で叡山へ登り、叡中、天台宗西部大学、同専修院を卒業。同院教授を経て昭和十五年から十二年間、山を一切おりない籠山。籠山中、千日回峰行の大行満となる。

人柄をしたって入門する弟子があとを絶たず、爾後、祖賢師のあと千日回峰の大行満は九人を超える。ほか籠山比丘待真の養成、安楽律院の復興、山麓里坊の整備などに力を注ぐ一方、晩年延暦寺執行となり、奥比叡ドライブウェーの建設、失火の大講堂、雷火消失の横川中堂の再建などに奔走、病を得て昭和四十六年一月四日遷化。行年六十七歳。

その師の、苦難と華麗とが背中あわせにな

っているような六十七年の生涯のなかで、最も力をそそいだのは「たくさんの弟子の養成」と「比叡の心を多くの人に知ってもらうための努力」の二つであった。

「オヤジの銅像をな、オヤジが一番苦労した寺の脇に建てたいなぁ」

というのが、この話の発端である。

右、叡南祖賢師、左、師匠の叡南覚誠師　昭和二十六年ころ

像の主は叡南祖賢。

建てたいなぁーと騒いでいるのは、かつて祖賢師の謦咳に接し、かつ、師によって手塩にかけて育てられた弟子たちである。

「オヤジが歿くなってもう十七回忌になる。遺品も分けてしもうたし、寺もそれぞれにやってしもうた。回峰は盛んになったが、孫弟子の大行満もそろそろ次の行者に無動寺谷を譲る時期が見えてきた」

「そうや、あの頃、一番チビやったお前がもう五十を超えたしなぁ」

いったいに叡山では、物や人に執着するのをよしとしない習慣がある。

例えば三塔十六谷に散在する僧の墓である。伝教大師の廟を除いてどの墓もほとんど目印程度の石しか置いていない。『往生要集』を著した恵心僧都源信、元三大師として崇められる良源、慈覚大師円仁も墓は先師の起居した谷の一部にあるが、いずれも粗末な石が積み重ねられていて、それとなく墓と判る程のものでしかない。

祖賢師の墓も無動寺坂に沿った谷の、歴代の僧が眠る墓地にひっそりと建っている。

師の遺品も当時すべて遺弟にかたみわけをしてしまい、さっぱりとなにも残さない。

「お前が撮った写真が一枚残っているだけや」

私が高校生のころ撮った写真のうち、祖賢師とその師匠であられた我々小僧が「能化」と呼んで、なかば恐れていた叡南覚誠師が並んでおられるスナップがある。（写真）

「この写真のイメージでオヤジの銅像をつくってみよう」

叡山の小僧あがりは口より手が早い。言いだしっぺが決めたらすぐに走り出し、わずか半年ほどでスナップ一枚から祖賢師のイメージをほうふつとさせる銅像一軀を建立してしまった。

師の十七回忌の正当を迎える今年、折から

比叡山開創千二百年の大行事が相ついだ。「このへんでオヤジを偲ぶものを何か格好にして残しておきたい」という弟子たちのこみあげる思いがきっかけになった。

食糧難の時期、五穀断ち

私が祖賢師のもとへ小僧に上がったのは昭和二十三年の三月、小学校五年、十二歳の春であった。祖賢師こと「阿闍梨さん」は無動寺谷の本堂明王堂の政所で二十四～五人の小僧と起居を共にしていた。

小僧たちは、上は叡山の専門大学ともいうべき叡山学院へ通学している二十二、三歳の兄弟子から、一番チビだった十二歳の私まで、育ち盛り、食べ盛りが「オヤジ」の回峰行でやせた両スネにぶらさがり齧っていたのである。

終戦直後の混乱期のことで御多分に漏れず叡山の上も食糧難である。

麦七分米三分の朝はオカユ、昼は麦ベントウ。麦や米のない時はそれすら抜きの日が多かった。

小学生だった私は小学校の給食で、ララ物資の脱脂粉乳とコッペパン、政所へ帰ると、兄弟子たちが摘んだ山菜、というとカッコいいが食べられる山草がどっさりと入ったオジヤが木椀に一杯、タクワン二切れというのが一日の食事であった。

私が小学校六年の秋、祖賢師は千日回峰の大行満が必ず修するという十万枚大護摩供を無動寺谷で行うことになった。九日間のあいだ断食、断水、不眠、不臥で不動明王の前で行者の親指大の護摩木十万枚を焚き、法を修し、呪をとなえる。

焦熱、火あぶり地獄とも言うべき苦行だが、その行に入る前、百日間、五穀断ちという前行があって、これが、小僧たちから見ると、辛い行である。米、大豆、小豆、大麦、小麦、醤油、油、塩を一切口にしないため、ソバ粉でつくったスイトン、塩っけのまったくない菜っぱのおひたしか、たまに塩ぬきのゆでイモがでる程度。

登山してきた参詣客には普通のお膳（といっても麦飯やオジヤやオカユだが）や菓子を出して接待し陽気にふるまっていても、自らはソバ粉のスイトンしか食べなかった。

ただでさえ食料が不足して栄養失調気味のところへ、ソバ粉しか口にしないから師はみるみるやせて、頬骨が出て、肩の肉がゲソッと落ち、一種凄絶な様相になる。

夕食の師のお給仕は大抵チビがやる。私も師の前行中にはしばしばお給仕をしたが、いつも決まって「徳よ、お前も腹が減ったやろ、家におったらうまいものが食えるのにな、さ、このスイトン一個やるさかいここで喰え。皆に見られたら叱られるさかいな」と師のお椀に残ったソバ粉のスイトンを一、二個、お相伴にあずかったものである。

どうやって師が大勢の小僧たちを養っていたのか。当時は知るよしもなかったが、京都の大きな株屋さん、旅館の主人、祇園の女あるじ、大津の運送屋さんや警察官など多くの信者さんが自分たちの身をけずるようにして祖賢師一門の生活を支えた、と聞いた。

お加持をしたる

その頃、私は内股に腫れ物が出来て長時間正座が出来ず、お給仕やお勤めの際じっとしていられずに、ついもぞもぞ動いてしまう。

前行中でやせこけたとはいえ、鋭い目でそれを見とがめられた師は「徳よ、どうした。

なにっ、股にデキモノ、出してみ、見せてみ」。とうとう師の前でパンツを下げてみてもらう羽目になった。
「ホウ、可愛いチンポだな、あ、これはインキンや、よし、なおしたる」と師は押入れの薬箱からメンソレータムを出してきて塗り「いまお加持をしたる。そのまま立っとれ、かゆくても動くなよ」
パンツを下げてスッポンポンで神妙な顔の小学生の小僧の前で、師は真剣におまじないをし、不動の真言をとなえ「よーし徳よ、もう直る。二、三日したらすっかり良くなる。さあパンツをはけ」と、後は何事もなかったかの表情に戻られた。

回峰行第三百日目明王堂山王社前

師は法や行にたいしては極めて厳しく鮮烈であった。行をしている者はたとえ小学生の小僧であっても決してよびすてにせず「徳行坊」といい、僧として呼ぶときは必ず「坊さま」、夫人には「お庫裏さま」と敬称をつけて呼んだ。

得度したばかりの小僧が、堂の内陣へ入ってお不動さまの前へ行くことは許さなかったし、毎朝の護摩の助手（承仕）は、四度加行を終わるまで、一切近づけなかった。

小僧が坊さんになるためには、天台では四度加行（十八道、胎蔵界、金剛界、護摩供）と加えて、前行として礼拝行をしなければならない。昔は百八日、今は三十五日で履修する。私の場合は中学二、三年の夏休み、二回に分けて師のもとで加行をした。

午前二時に起き、まず水をかぶって身を清め、本尊に向かってひたすらに礼拝行を百八回ずつ日に三度行った。子供なので木版で刷った漢文まじりの呪や真言や陀羅尼が読めない。加えてその度に印をいろいろな形に結ぶ。最初は兄弟子からコーチをうけ、見よう見まねで行者としての格好をつける。

当時は一つの堂に行者は一人だから、いくら大きな声で真言をとなえていても、時々恐ろしくなったり、無性に眠くなったりする。

そういう時に限って祖賢師は音もなく回ってきて、壇の上でこっくりする小僧のうしろで「ワッ」と大声を出したり、突然「ノーマクサーマンダーバー」と不動明王の真言をとなえたりして、励ますのであった。

二年がかりの行が終わりに近づくころ、小僧は生まれて初めて自分で筆をとり、叡山の各堂に貼る「加行護摩供之牘」を数十枚、木札と奉書に書かなければならない。

当用漢字にない文字をなぞり書きするのも大変な修行であって、特にお不動さんを表す

「カーン」の梵字が書けず、師匠にそれこそ何十度か、運筆や書き順を習ったものである。

回峰行を復興

千日回峰行の本拠地、無動寺谷は叡山の三塔（東塔、西塔、横川）、十六谷のなかでも東塔の南のはずれにある。

東塔や西塔の谷に属する僧から無動寺回峰行は、死を決した白装束、ワラジばきで山道を走るように巡拝する姿から「峰の白サギ」と嘲笑の意味を込めて呼ばれていた。

昭和十五年、無動寺三千日回峰の大行満、奥野玄順さんの急死により千年の歴史と伝統をもつ無動寺回峰行は後継者が途絶えそうになった。

祖賢師は師匠の叡南覚誠さんや法友ら仲間の強い推挙によって千日回峰と十二年籠山を決意し、「有り金全部を京都の祇園や大津の料亭でスッカラカンになるまでつこうて」から、刻み煙草二袋とキセルをお供に無動寺谷にのぼった。

師は回峰を修しながら、かたわら学問も怠らなかった。師の天台宗専修院の卒業論文『天台宗史の研究』は、原稿用紙二千枚に及ぶ大作であったし、回峰行の初めに執筆したといわれる『台密諸流史』の研究は京大の松本文三郎博士をして、「きちんと考証すれば学位請求論文になる価値は十分」と言わしめた出来であった。

そのせいか「行ばかりやっていて学問はしない」という風に見られていた無動寺は「峰の白サギ」の地位を脱し、「学・行」両立の気風を備えたのである。

戦時中から戦後にかけて世の中の大きな移り変わりのすべては、叡山の深いみどりのなかで、命がけの修行のさなかにある師にとっては、ほとんど関心の外にあったらしい。

終戦の年の九百日大回り回峰行の時は、アミーバ赤痢にかかり、山中や京都の町をはうようにして歩かれ、雨中、峰道の泥水のなかに倒れ、意識が遠のいたことが幾度かあったという。

「信仰というものは確かにある。その時、意識の薄れたワシの前に二本の大きな柱のようなものが立った。それにつかまって上をみたら、お不動さんの足のように思えた。それからまた歩けたのや」

昭和二十一年十一月十一日に執り行われた千日回峰行者の満行を報告する京都御所土足参内は、明治維新で天皇が遷都されて以来、中断されたままになっていた。

千日を満行した同年九月十九日には、行を支援する講元にいた伯爵の勧修寺厚顕氏が、当時の京都皇宮所長の伯爵飛鳥井雅信氏を口説いて、慶応元年十二月の五智院晃順阿闍梨以来、実に八十一年ぶりで天皇の前で満行を報告し、同時に陛下の玉体安穏を加持する「土足参内」に山からワラジばきのまま御所に上がり復興したのである。

晴れのこの行事にお供をした勧修寺伯爵や、小僧の一番弟子だった叡南（木村）覚照さん、焼土の東京から山へやって来た葉上照澄さんらが、これをきっかけに祖賢師の輩下から、行を継ぐべく行者が無動寺谷に集まったのである。

身をもって学問と行門の実践にかける師の姿勢に、弟子たちはあとに続いた。

誰もが「せめて百日だけでも回峰させてください」と師に頼み込むから千日ならぬ十分の一の百日行者は弟子の全員が経験している。

たくさんの弟子たち

「小僧が一体何人いたかと言われても正確な数は分からない。出来の悪いの、盗み癖のあるの、そういう奴が山を下りる。『ようよう去んだ』とほっとする間もなく、その次のが入門を願ってくる。米や金をかついでくる奴は一人もおらん」。しかし、オヤジは余程のモンでない限りヨシヨシと入門を許した。

弟子同士「正確に数えたこともないけれど、大体百名は超えるのではないか」

なにせ故祖賢師の弟子は多い。戦時中は中国東北部（旧満州）のラマ寺や内蒙古、朝鮮半島からも来ていたし、戦後は東北は岩手中尊寺、日光興雲律院、輪王寺、長野善光寺、大阪四天王寺、九州の国東半島、五島列島にいたるまで、今、全国の天台宗系名刹で要職についている働き盛りのメンバーは直接、間接に師の指導をうけて育ったのである。

おひざもとの延暦寺一山では六十名ほどの山内住職のうち実に十五名が故祖賢師の弟子であり、孫弟子までいれると二十名に近い。副執行など山の経営に当たっている者も多く、また回峰行の大先達、修験道の管領など、行政の要や行門の最高指導者として総本山の要職を占めている。

あまたの弟子のなかには、元大正大学教授でドイツ哲学者、終戦時には新聞社の論説委員として東京湾上での米艦ミズリー号艦上で行われた日本国の降伏調印の取材経験をもち、「国もワシも再生せにゃ」と、決然として叡山千日回峰行に入門した葉上照澄さんがいる。

一方、京大に在学中、フラリと叡山に登り、無動寺谷へ一夜の宿を求めてきた堀沢祖門さんは「学生下宿ならお断り」と、祖賢阿闍梨さんに言われ、本格的に仏教を勉強してみたくなって退学。山の中から麓へすら降りず、伝教大師の廟で祖師のお給仕をする十二年籠山比丘を命じられた。これは明治維新以来、本格的な籠山比丘の復興であった。

堀沢さんが山へ籠り、比丘の修行が軌道にのったのを見計らって、「回峰のあとどりはたくさんおる。しかし、祖門のあとの籠山はお前しかいない。是非、浄土院のお守をするように」と祖賢師にくどかれたのは、当時、師匠の能化が院主をしていた赤山禅院から大学に通っていた中野英賢さんであった。

「英賢はボーッとしとる。勉強はアカン。あいつは欲がない。そこを見込んだ」

弟子の素質の良いところを素早く見抜く師であった。

祖門さん、英賢さん共、好相行のあと十二年の籠山比丘をみごとになし遂げたが、英賢さんは山の湿気で肺に病を得たほどの激しい修行であった。

昭和二十八年九月に葉上照澄さんが祖賢師について戦後二番目の大行満になると、師はさっさと明王堂を明け渡し、山麓へ下った。が、師のための里坊というのがない。

戦後のどさくさで半ば里坊を占拠して住んでいる人々を説得し、立ち退き料を払って、里坊のいくつかを買取った。師に随って山をおりた小僧たちはそれこそ食事はスイトン一杯で、朝から晩まで荒れはてて目をおおうほどの里坊の庫裏の掃除や庭の手入れに追われた。

その結果、比叡山を正面に仰ぎ、日吉馬場の参道に沿った律院、恵光院、蓮華院、止観院、竜珠院、泰門庵といずれも二〜三百坪の広大な里坊が叡山に残った。

師の手に及ばなかった里坊がいま、高級料亭やみやげ物店にかわってしまっている現実を見ると、今になると数百億円の遺産を山に残してくれたことになる。

里坊は整備をして落ち着くと、すぐ弟子にくれてやってしまい、自分はまた次の新しいすみかを探すといった有り様で、大壇越であった当時寿屋（サントリー）の社長であった鳥井信治郎氏をして、「祖賢さんにいくらお布施をしたり援助をしても、復興した寺を、次々と弟子や小僧にやってしまうので際限がない」と苦笑させたのであった。

叡山は日本仏教の総本山

こうして回峰の行門は葉上照澄、勧修寺信忍、叡南覚照、小林栄茂、宮本一乗、光永澄道、内海俊照、酒井雄哉、と戦後九人の大行満を輩出、目下二名が各々六百日と二百日を目指して修行している。

昭和二十八年ころ　山麓律院にて

浄土院の籠山比丘も盛んだ。英賢さんのあと尾崎大顕さんが十二年を終え、続けて高川慈照さん、北沢宏泰さんが山に籠ってお大師さまにつかえる日々を送っている。

祖賢師自身は、昭和三十二年、延暦寺大講堂が炎上した責を負って辞任した藤支執行のあとに推挙された師匠の叡南覚誠執行の補佐として副執行に就任。その後、執行となり、寂に至るまで十数年間、叡山の再興と発展のため心身をささげつくしたのであった。

「叡山だけは、他宗とちごうて天台宗総本山だなんて了見の狭いことを言うてない。日本仏教すべての総本山のつもりでいる。

叡山では山から輩出して一宗を開かれた法然、日蓮、道元、栄西、親鸞などすべてのお祖師さんのために、春には一山の僧が出仕し『各宗祖師法要』をしている。

お祖師さんのゆかりの寺は、その宗旨の人人にも自由に使ってもらっている。

「そんな宗旨は日本のどこにもないはずや」

と言うのが、祖賢師のいつもの口ぐせだったから、他宗派の僧や宗旨の違う家の子供もやってきた。

奥比叡ドライブウエーの建設、東塔を観光と参詣施設としての再整備、充実だけでなく、「叡山の行門と学問、さらに広げて天台僧としての厳しい規範を知ってもらい体験するための修行道場としての山の開放」にも骨身をけずった。西塔へは民間会社や自衛隊などの多くの人々が一度に「叡山のこころ」に浸れる居士林の創設、横川には俗界と縁を切り、僧としての修行を二カ月にわたって打ち込める修行院の開設と横川のシンボル、横川中堂の再建と、息つく間のない日々を送った。

仲ようやれよ

そのすべての目鼻がついた昭和四十五年の夏、祖賢師は急に体の不調を訴え、執行の要職を辞そうとしたが、時勢が許さず、師は死の床まで仕事を持ち込むことになった。

同年十一月、京都府立医大へ入院、開腹手術、が、ガンの病巣は全身にまわり、もはや手の施しようもなかった。

明けて四十六年一月三日、酸素テントに入って危篤状態のつづく師を前に弟子の覚照さんが「これからオヤジを自坊までお連れする。坊さまは、寺で亡くなるのが本当や、しかもオヤジは行者や。道中で容体が急変することは決してない」。

三日の深夜、寝台車で祖賢師は二十キロ離れた坂本の自坊へ弟子達二十人と帰った。

と、それまで口すら利けなかった病人の師は、パッチリと目を開き、枕辺につめかけた弟子たちをひとりひとりたしかめるように見つめたあと、「よかった、よかった、みんな揃っているか、あんじよう、仲ようやれよ」と、息を切らせつつ一気にしゃべった。

それが祖賢師の最後の言葉であった。

一月四日、午前五時三十四分、自坊で二十名の弟子が唱える法華経寿量品読誦のうちに遷化。

執行時代の祖賢師　昭和三十八年ころ

同、十七日延暦寺滋賀院門跡の大広間に於いて延暦寺葬を以て本葬とした。

生涯を通じ、弟子を育て、祖山の興隆を思い願った師を讃え、天台座主は『興叡心院』の法名を贈った。

本葬の日も天は、師の遷化を哭するかのように雨を降らせ、遺弟たちは冷てつく比叡おろしの道を素足にわらじばき、灰色の素衣を身に纒って棺に従った。

会葬者二千人、師が生涯、仏に仕え供華として愛した四葉の樒の葉にちなみ、贈られた樒の供花は三百を超え、ために、山麓や大津市内では、一時、樒が不足するという事態が起こったという。

そして十七年がたった。身長百七十五ｾﾝﾁ、生前の師そのままに出来あがった銅像前で、法衣姿に盛装した法友の臈僧や元小僧が、厳粛に法要を執り行った。ゆかりの僧俗が像のまわりに除幕をしたあと、元小僧たちは像のまわりに駆け寄って、傘もささず「オヤジ」「オヤジ」と像の足もとをさすって涙を流しつづけたのであった。

（『大法輪』第55巻・昭和63年・第8号より）

興叡心院擬講大行満大先達大僧正祖賢大和尚略歴

明治三十六年五月十五日	愛知県丹羽郡豊富村字小山伊藤家に生れる
四十三年一月二十三日	愛知県西春日井郡賢林寺において密蔵院中村勝契大僧正により得度
三月十八日	愛知県丹羽郡千秋村龍光寺住職稲田祖珪師の養子となる
大正十二年八月三十一日	延暦寺一山玉照院において叡南覚誠阿闍梨のもとに加行満行
十三年六月六日	法華大会竪義遂行
十四年三月二十日	天台宗西部大学卒業
昭和三年十二月二十八日	延暦寺一山玉蓮院住職拝命
五年三月	専修院本科卒業
七月三日	回峰行初百日満行
八年四月一日	叡山学院講師拝命
十五年六月十三日	延暦寺幹事拝命
十六年十月七日	回峰行二百日満行
二十一年九月十九日	回峰行千日満行
十一月十一日	京都御所土足参内玉体加持奉修
昭和三十五年二月二十一日	延暦寺副執行（企画部長）拝命
三月二十六日	延暦寺一山止観院住職拝命
三十六年三月十七日	延暦寺副執行（総務部長）拝命
三十七年五月十五日	功により大僧正に昇補
三十八年五月十二日	比叡山法灯護持会理事長拝命
六月二十七日	延暦寺執行拝命
六月二十七日	延暦寺学園理事長拝命
三十九年三月一日	延暦寺学問所所長拝命
八月十五日	戸津説法勤仕
四十年六月二十三日	延暦寺教育助成財団理事長拝命
四十四年五月十五日	延暦寺長臈職拝命
四十五年八月三十日	自坊にて発病
十二月十六日	京都府立病院に入院
十二月二十八日	開腹手術の結果、膵臓癌と診断される
四十六年一月四日	午前五時三十四分自坊慈門庵にて遷化（六十七歳・臈六十歳）
四十六年一月六日	滋賀院において密葬
四十六年一月十七日	滋賀院において延暦寺葬をもって本葬

＊当年表に関しては、一部違う箇所があるというご指摘がございましたが、検証に時間がかかるため、既存の当年表を掲載させていただきました。

編者あとがき

山田　恭久

平成二十七年（二〇一五）十一月二十日、叡南覺照大行満の弟子・栢木寛照大僧正の善光寺入山式前夜に、毘沙門堂門跡門主・叡南覺範探題大僧正と善光寺長臈・村上光田大僧正の食事の席に同席させていただいた。傘寿を過ぎた兄弟弟子の大僧正お二人が、「自分たちはこれ以上ない師匠に育てられた。それは人生で最高の幸せだった」と、師匠である叡南祖賢大和尚の思い出話をされていた。横で拝聴していた私は錚々たる大僧正が尊敬する師匠とはどのような方だったのか関心を持ち、調べようと考えた。

ところが追悼集である『叡南祖賢大和尚を偲びて』は滋賀県立図書館にはあったが、法律で納本義務が定められた国立国会図書館の蔵書検索で「叡南祖賢」の資料はなく、松本文三郎京都帝国大学教授が賞賛した論文は全国どこの図書館にも保存されていなかった。

お坊様は慎み深いので自分の業績を残さない傾向がある。しかし、新史料の発見で江戸無血開城の最大の功労者は勝海舟ではなく山岡鉄舟と論じた書籍が近年相次いだように、正確な記録を公的な図書館等に残さなければ誤った歴史が伝承され、正しい歴史が誰も気付かないまま埋もれてしまう懸念を強く感じた。

そこで祖賢大和尚の業績を公的な場所に保存しようと考えて、『台密諸流史私考』を再印刷、『興叡心院祖賢大和尚五十回忌法要ＤＶＤ』と一緒に国立国会図書館へ納本した。

また、京都の古本屋で追悼本を発掘して国立国会図書館へ納本したがカビが発見されたため、消毒後一年の経過観察を経て納本が許可され、資料として登録された。

山鹿流の『武教全書』に「為すべきことをして父母の名を顕すは孝行の終着点である」と書かれている。その考えから「後世の研究者のために、弟子が師の業績を証言して、公的な場所に資料を残すことは師匠への恩返しです」と村上光田大僧正にご相談した。

なぜなら私の研究の原点が、坪井正五郎教授と考古学を研究した相原勇治郎（宮小路浩潮門弟）の孫の祖父坂口五郎と講武所頭取・窪田清音玄孫の祖母秀子が残した資料だからである。

善光寺でダライ・ラマ十四世が平和祈願した（平成二十二年（二〇一〇）六月）一時間後、福生院を訪れた小山武男氏から、浅間山大噴火とアイスランド・エイヤヒィヤヨークトル火山噴火の宗教観への影響を質問されて以降、村上大僧正は資料整備に強い関心を持っていた。

私の提案にご賛同された村上大僧正が、叡南覺範大僧正、藤光賢大僧正、堀澤祖門大僧正、福田徳郎氏にお話いただいたことで本書をまとめ、刊行を実現することができた。

取材は経済史の知識が必要になったため、叡南覺範探題大僧正と藤光賢探題大僧正のインタビューは石原俊時教授のゼミ生で経済史を学んだ兄の山田修康に依頼した。

卒寿前後の大僧正の皆様に叡南祖賢大和尚について質問をすると、まるで少年のような表情で師僧について熱く語り出した様子は私の脳裏に深く焼き付いている。

そして発言の内容確認のため資料で検証すると、その記憶の正確さに驚かされた。

大椙覺寶天台座主、叡南覺忍大行満、叡南覺誠探題大僧正、叡南祖賢大和尚と一門が代々受け継いだ志、叡山の心が祖賢大和尚の弟子、孫弟子にしっかり継承された姿を取材を進めるほど感じた。村上大僧正が復興・開山した信濃比叡広拯院が象徴的である。

叡南覺範探題大僧正が山門の扁額を揮毫し、中野英賢大僧正が伝教大師像の建立に協力し、延暦寺副執行であった小鴨覚禅大僧正が「信濃比叡」の呼称の実現に尽力された。

孫弟子の代でも、光永澄道大行満の弟子である光永覚道大行満が比叡山延暦寺から信濃比叡広拯院まで「不滅の法灯」を徒歩で運ばれて分灯され、叡南覺照大行満弟子の栢木寛照大僧正と上原行照大行満が信濃比叡広拯院の行事の大導師を務めている。

「政治家や経営者は任期中の責任で済むかもしれないが、僧侶は百年の責任を負う。必死に拝みなさい」という祖賢大和尚の教えは「不滅の法灯」同様に継承されている。

栢木寛照大僧正のご厚意により叡南俊照大行満から序文をいただいた事は私にとり望外の喜びであった。河合祖信師（観音教寺）、律院執務の大佛浩田師からもご示唆をいただきました。多大なご協力をいただいた叡南一門の皆様に深く感謝申し上げます。

福生院関係者である小林和人氏、冨澤信氏、大日向安永氏、丸山裕次氏、村上紀子氏、池田明順師、岡田光正師、傳田心順師、桑田忠親教授御子息の桑田瑞松氏、法隆寺再建非再建論争の論客である黒川真頼東京帝大教授の玄孫で古典学者の叔母からもご協力をいただきました。

そして、本書の刊行に関しまして多大なるご理解をいただきました善本社・手塚容子社長、一族関係者である軽部紘一氏、中村正義氏、牧野東彦氏、浅山耕司氏、田幸淳男氏をはじめ、亡き父の友人である深澤養三氏、佐々木一氏、宮田勝氏、林成郎氏、佐藤劭氏、大輪靖宏氏、田口義嘉壽氏、小平岩男氏、轟茂氏、磯原裕氏、石川昌平氏、伊藤真成住職（霊巌寺）に感謝申し上げます。

参考文献

『叡南祖賢大和尚を偲びて』森川宏映・叡南覚範編　金聲堂
『台密諸流史私考』稲田祖賢著　叡南覚照・叡南覚範刊行
『回峰行のこころ　わが道心』葉上照澄著　春秋社
『ほう、法華経』叡南覚範著　翡翠社
『私を磨く法句経』藤光賢著　白馬社
『枠を破る』堀澤祖門著　春秋社
『一隅を生きる 比叡山と私』中野英賢著　白川書院
『ただの人となれ』光永澄道著　山手書房
『伝説の葉上大阿闍梨』横山照泰著　善本社
『北嶺のひと——比叡山・千日回峰行者 内海俊照』はやしたかし著　佼成出版社
『道心之中有衣食・叡南祖賢記』興叡会
『人のために生きればいい』瀧口宥誠著　ＰＨＰ研究所
『信濃の聖と木食行者』宮島潤子著　角川書店

編著　山田　恭久（やまだ やすひさ）

序　叡南　俊照（えなみ しゅんしょう）

叡南　覺範（えなみ かくはん）
村上　光田（むらかみ こうでん）
藤　光賢（ふじ こうけん）
堀澤　祖門（ほりさわ そもん）

聞き手　山田　修康（やまだ のぶやす）
写真監修　福田　徳郎（ふくだ とくろう）

戦後初の北嶺千日回峰行者
叡南祖賢大阿闍梨

令和五年　一月　四日　初版発行
令和五年　二月二十三日　二版発行

編著　山田恭久
発行者　手塚容子
製作　善本社製作部

〒101-0051　東京都千代田区神田神保町二―十四―一〇三
発行所　株式会社　善本社
TEL　（〇三）五二一三―四八三七

ISBN978-4-7939-0491-2　C1015